U0043343

自由與平等之間

余英時——著

余英時文集編輯序言

聯經出版公司編輯部

余英時先生是當代最重要的中國史學者，也是對於華人世界思想與文化影響深遠的知識人。

余先生一生著作無數，研究範圍縱橫三千年中國思想與文化史，對中國史學研究有極為開創性的貢獻，作品每每別開生面，引發廣泛的迴響與討論。除了學術論著外，他更撰寫大量文章，針對當代政治、社會與文化議題發表意見。

一九七六年九月，聯經出版了余先生的《歷史與思想》，這是余先生在台灣出版的第一本著作，也開啟了余先生與聯經此後深厚的關係。往後四十多年間，從

《歷史與思想》到他的最後一本學術專書《論天人之際》，余先生在聯經一共出版了十二部作品。

余先生過世之後，聯經開始著手規劃「余英時文集」出版事宜，將余先生過去在台灣尚未集結出版的文章，編成十六種書目，再加上原本的十二部作品，總計共二十八種，總字數超過四百五十萬字。這個數字展現了余先生旺盛的創作力，從中也可看見余先生一生思想發展的軌跡，以及他開闊的視野、精深的學問，與多面向的關懷。

文集中的書目分為四大類。第一類是余先生的**學術論著**，除了過去在聯經出版的十二部作品外，此次新增兩冊《中國歷史研究的反思》古代史篇與近代史篇，收錄了余先生尚未集結出版之單篇論文，包括不同時期發表之中英文文章，以及應邀為辛亥革命、戊戌變法、五四運動等重要歷史議題撰寫的反思或訪談。《我的治學經驗》則是余先生畢生讀書、治學的經驗談。

其次，則是余先生的**社會關懷**，包括他多年來撰寫的時事評論（《時論集》），以及他擔任自由亞洲電台評論員期間，對於華人世界政治局勢所做的評析（《政論集》）。其中，他針對當代中國的政治及其領導人多有鍼砭，對於香港與台灣的情勢以及民主政治的未來，也提出其觀察與見解。

余先生除了是位知識淵博的學者，同時也是位溫暖而慷慨的友人和長者。文集中也反映余先生**生活交遊**的一面。如《書信選》與《詩存》呈現余先生與師長、友朋的魚雁往返、詩文唱和，從中既展現了他的人格本色，也可看出其思想脈絡。《序文集》是他應各方請託而完成的作品，《雜文集》則蒐羅不少余先生為同輩學人撰寫的追憶文章，也記錄他與文化和出版界的交往。

文集的另一重點，是收錄了余先生二十多歲，居住於**香港期間**的著作，包括六冊專書，以及發表於報章雜誌上的各類文章（《香港時代文集》）。這七冊文集的寫作年代集中於一九五〇年代前半，見證了一位自由主義者的青年時代，也是余先生一生澎湃思想的起點。

本次文集的編輯過程，獲得許多專家學者的協助，其中，中央研究院王汎森院士與中央警察大學李顯裕教授，分別提供手中蒐集的大量相關資料，為文集的成形奠定重要基礎。

最後，本次文集的出版，要特別感謝余夫人陳淑平女士的支持，她並慨然捐出余先生所有在聯經出版著作的版稅，委由聯經成立「余英時人文著作出版獎助基金」，用於獎助出版人文領域之學術論著，代表了余英時、陳淑平夫婦期勉下一代學人的美意，也期待能夠延續余先生對於人文學術研究的偉大貢獻。

編輯說明

一、本書原於一九五五年在香港由自由出版社出版，後於一九八四年以《自由與平等》之書名，在台灣由漢新出版社刊行。

二、附錄一〈羅素論自由〉為作者對羅素〈自由是什麼？〉的介紹。附錄二為作者翻譯〈自由是什麼？〉的譯文，為本版新增。附錄三為作者翻譯湯姆遜《平等》的譯作，原由人人出版社出版單行本，後收入《自由與平等》書中。《自由與平等》書前之重版識語，列為附錄四。

三、原書之按語依原本之形式編排於文中，並以楷體標出。本書新增之編按，另以註釋註出。

四、書中所引之西方專有名詞、人名，盡可能採取作者原本之譯名，不特意改為現今常見之譯名。

目次

自序

我近兩年來思想的興趣集中在兩大問題上：一是文化哲學（philosophy of civilization），一是社會哲學（social philosophy）。前一方面曾寫成了若干篇論文，最近擬收為《文明論衡》第一集，由高原出版社印行；後一方面首先提出了自由與平等兩個概念及其關係加以討論，於是遂有本書之作。本書計分六章：首二章專論自由，三、四兩章專論平等，後兩章則綜論自由與平等的一般關係及其文化基礎。其中一、三、五三章曾分別發表於《自由中國》、《民主評論》、《人生》諸雜誌而略有修正。〈羅素論自由〉一文係介紹羅素於一九五〇年發表的〈自由是什麼？〉之長文，我自己又復加添了一些註釋，載於《自由陣線》週刊，因此文可以與本書相互啟發之處甚多，故一併附錄於後。前年我曾為人人出版社譯過一本英人湯姆遜（David Thomson）所著之《平等》（*Equality*），亦與促成我對於自由與平等的研究興趣有關，甚望本書讀者能同時參閱。

社會哲學原與文化哲學一脈相通，而後者則是對當前人類問題更高、更深一層的探索。因此本書雖屬於前一方面，而頗有涉及文化範疇之處，最後一章更企圖對二者加以理論上的溝通。我在此學無所成的階段妄談這些大問題，實在有點過於不自量力。好在我並沒有「創建理論體系」的妄念，並且在相當程度上我是做著整理與接受前人思想遺產的工作。百餘年來中國人民的苦難以及知識分子所應有的良知時時在激發著我，使我不能自已地考慮到當前社會文化的種種問題。儘管我的知識淺陋、見解幼稚，但是自信總還有一點「不忍之心」。何況現實問題的解決也並不完全是知識所能為力的，思想的現實性更不必然與知識的高低成比例；任何人祇要肯本其良知在這些問題上用心都可有其一得之見——當然一得之見並不就是理論，更不能算做學術，但卻不能不承認它也是一種思想的結晶。古今中外的第一流思想家與哲人們的學術思想究竟影響人類實際社會行為的有多少？這也是很值得人疑問的。中國的孔子、西方近代的盧梭與馬克思大概要算是少數例外了。可是孔子並未能及身見其道之行，盧梭、馬克思的真正影響也發生在身後。而後兩人在西方學術思想史上的地位及其知識上的真成就亦不能令人無疑。要講知識的真實性，自然科學遠較社會為可靠，可是一部自然科學史上仍然充滿了錯誤的知識。社會是不斷變動的，人與人的關係不可能是完全穩定的，因此人們關於社會規範方面的知識便很難有永恆的「真」可言，而祇能在一定的空間與時間的交叉點上採用「適」作衡量其價值的標準。

基於這種認識，我雖自知缺乏足夠的知識，還是大致地寫了不少有關社會文化之類大問題的文章。我相信把學問視為一己之私的「藏之名山，傳之其人」的時代已經過去了，至少也快要過去了！我個人一方面固然對純學術研究有更大的興趣，一方面實深感此時此地殊不容我「兩年不聞窗外事，一心祇讀聖賢書」。縱使我今天能寫出斯威登堡（Emanuel Swedenborg）那樣艱深博大的形上學體系的著作，如果祇能賣出四本的話，我還是不屑寫的。我所寫的千言萬語儘可以一無價值，但祇要它與苦難時代的苦難中國有關，而且真是我的良知要我如此寫的，則無論它是否在學術上有貢獻，我都是一樣心安理得的。因此我希望讀者不要用嚴肅的眼光來看本書所收集幾篇文字。這樣才可以減輕一點我個人的心理負擔。

余英時　一九五五年「五四」紀念日於香港新亞研究所

第一章

自由探本

自由這個概念，自從嚴復翻譯約翰·穆勒（John Stuart Mill）的《群己權界論》（*On Liberty*）以來，在中國已經流行了好幾十年。嚴復在該書的序言中曾反覆討論過Freedom和Liberty兩字的涵義，最後他認為中國的「自由」一詞與西文恰恰相合。如果嚴氏的話是正確的，那麼中國人應該很瞭解自由的意義了。然而事實卻完全相反，「自由」在中國所引起的誤解並不減於任何其他的西方概念，甚至其被誤解的程度還在其他概念之上。這是為什麼呢？最主要的原因，在我們今天看來，顯然仍是在於東西兩種概念之間有著重大的差異。這差異並不在文字的本身，而是由於它們在兩種不同的歷史文化系統與社會結構中所占據的比重與地位過分懸殊所致。因此，嚴氏說「自由」與Freedom、Liberty不謀而合，實不能不說是欠於考慮。

老實說不僅中國如此，就是在西方，人們對自由的觀念也沒有統一的看法。十九世紀英國最著名的史學家阿克頓（Lord Acton）便曾收集了兩百個關於自由的界說。約翰·穆勒在他的《群己權界論》中也開宗明義地說道：「本文的主旨不在討論所謂意志自由。意志自由不幸是與哲學必然性那個稱謂不當的學說相反的；我們要探究的則是公民或社會的自由；即是社會可以合法地運用於個人的權力之性質與限度。」由此可見，自由一旦應用到精神界去，便會產生許許多多不同的看法，無從趨於一致。我們追溯西方文化中的自由概念，很容易發現它是分成兩大系統的：一是講意志自由，道德自由的自由；一是講個人自由的自由。前者我們不妨統稱之為精神自由，後者則應稱之為社會自由。由於精神自由牽涉的範圍太廣泛，而且歷代神學家、哲學家又多聚訟紛紜、莫衷一是，我們在此不須多說。本篇的主旨是在檢討社會自由的涵義；然後再略略探究一下它與精神自由的一般關係。

近代許多傾慕西方民主自由的中國人士都以為中國缺乏自由的觀念，並因而肯定中國過去社會上人民沒有自由；這實是一大錯誤。這一錯誤正與嚴幾道所犯的錯誤相反，從此一極端跑到另一極端去了。其實抽象地說，自由的極致乃是一種最高的文明境界；它是每一有文化的民族所共同企求嚮慕的理想。從這一方面看，所謂精神自由與社會自由也祇是同一理想的兩面，並非截然不同的東西。因而古代印度也有自由的思想，有些印度學者甚至早就提倡過民主制度、人民議會，以及個人自由等等觀念。中國過去雖沒有明確的社會自由的觀念，但並不缺乏共同的自由理想。最近人們已承認孔子「為仁由己，而由人乎哉！」是一種自由精神；實則「君子和而不同」一語更能顯出個人自由的觀念。此外如《大學》上修齊治平那一套程序也很清晰地說明了：中國人早就理解到社會結構的形成，是從個體逐步推進到群體的。承認個體先於群體，實際上已涵攝了社會自由的意義在內。至於精神自由的觀念，在中國文學中更是屢見不鮮，如杜甫詩：「送客逢春可自由」，王荊公詩：「我不怨此瓦，此瓦不自由」，又如「春風無限瀟湘意，欲採蘋花不自由」，「風蒲獵獵弄輕柔，欲立蜻蜓不自由」等詩句，其中所用的「自由」都指著一種心靈境界，令人起無拘無束的超脫之感。孔子曾說他「七十而從心所欲不踰矩」，「從心所欲不踰矩」正是道德修養的最高境界，也是道德自由的極致。由此可見，中國人並非沒有自由的觀念。不過我們也不能因此而肯定，中西自由思想完全一致；事實上中國人在精神自由這一方面雖已走得很深遠，但在社會自由的系統上卻發展得太少了，實際的成就更談不上。幾千年來，中國人民也不是沒有自由，他們所感受到的自由在性質上卻與西方的社會自由大相逕庭。這種自由，我們無以名之，祇能名之為「散漫的自由」，或「一盤散沙的自由」。這種自由既不是人民自己爭取得來的人權，也不是統治者賜予的特權，而是鬆弛的社會組織與不完備的統治技術所遺留下來的空隙。因之，儘管它隨時隨地都存在，然而也隨時隨地都有喪失的可能。為什麼呢？最根本的原因是它沒有經過制度化，未能建立在合法的基礎之上。制度化的社會自由我們不能不求諸西方。

西方的社會自由最早導源於希臘。希臘的社會自由最初並不是出自某一家一派的哲學理論，而是體現在希臘人民的實際生活之中。希臘哲人的自由思想係植根於他們的個人主義；最著名的如普洛塔哥拉士（Protagoras）所說的「人是一切事物的尺度」（Man is the measure of all things），歷史家都承認是近代個人自由思想的遠源。希臘人對於自由的愛好表現在很多方面：第一、他們主張每一城邦為一獨立的自治單位，不受外在勢力的統治，這是一種群體自由的觀念。雅典人領導希臘抵抗波斯人的侵略，後代史家便說是「西方自由與東方專制的鬥爭」，其意義在於衛護自由。雖然此種城邦自治的原則阻礙了整個希臘的統一，而個人自由畢竟在城邦政治之下獲得了實現。而且在當時那種交通困難，代議制度未出現的情形之下，民主與個人自由也祇有在地小人稀的國家中才可能存在。第二、希臘人鼓勵思想與言論的自由。無論在哲學上或政治上，相當程度的批判態度是容許存在的。兼以希臘的奴隸制度使公民毋須從事生產勞動，因而可以一心一意致力於文學、哲學、藝術、科學等等精神興趣的培養。這種精神生活一方面使得個性愈益發達，另一方面則自然地促進了思想與言論的自由。第三、希臘人特別尊重個人的自由。他們之所以把專制與寡頭專制看作最壞的政府形式，最主要的便是因為這些制度干涉了個人的生活。亞里士多德認為相當程度的個人自由乃是人類力量的最高發展所必需；伊比鳩魯學派（Epicureans）則極端相信每一個人都應該把他個人的慾望的滿足放在第一位。這些思想對於個人自由的觀念都具有極大的影響。

希臘的社會自由自亦有其缺點，那就是它建基於奴隸制度與殖民制度之上；社會生產者沒有自由，附屬的城市的自由也受到嚴重的限制，這種自由無論如何都是不健全不完備的。不過當近人承受希臘的傳統自由而加以發揚光大時，他們祇把希臘自由看作一種抽象的理想，至於它在實踐中的缺陷則完全被拋開了。

儘管希臘的自由生活深為後人所企慕，但自由的性質究竟如何當時的哲人並未能清楚瞭解。真正對自由的概念加以深刻的分析，其事始於近代哲人。近代政治思想家自費爾默（Sir Robert Filmer）、霍布斯（Thomas Hobbes）、洛克（John Locke）、盧梭（Rousseau）、邊沁（Jeremy Bentham）、穆勒、格林（T. H. Green）諸人以還，對於自由觀念，無論贊成或反對，均迭有討論，我們也無法一一列舉他們的看法。這裡首先值得提出的乃是他們對於社會自由的起源的一種推測。這種推測與社會契約說是分不開的。霍布斯站在君權專制的立場上認為人類在野蠻時代雖享有天然的自由，但卻常在戰爭與混亂之中，於是乃共同組成社會，社會權威既成立，則個人自由便不能不受到限制。可見霍氏內心深處實是厭惡個人自由的。在他看來，個人自由總不免要侵犯他人，故常為禍亂之泉源。至於進入社會之後，個人自由則僅存在於法律管轄所不及之處。洛克與盧梭正與霍氏相反，他們都把社會產生以前的自然狀態描寫得非常美好：洛克說人類在野蠻時代是既自由又平等的，盧梭則歌誦「高貴的野蠻」（noble savage）。但自然狀態儘管美好，畢竟是沒有保障的。是以洛克認為人類為了保障自由與財產，遂形成社會；盧梭亦謂自然狀態發展到某一階段時個人無法單獨維持其原始的獨立性，這就必須由許多個人聯結成為社會，用共同的力量保全每一個分子的自由與利益。無論霍氏與洛、盧二氏對自然狀態的臆想如何不同，也不管他們對社會自由的見解怎樣分歧，至少有一點他們是相同的：社會之形成是由於野蠻階段中有著某些因素危害了每一個人的生存自由，人類遂不能不藉群力以抵抗這些因素的侵犯。此一關於社會自由之起源的推測，雖無足夠的歷史資料予以證明，大體上卻顯然是正確的。

這一推測過去頗為政治思想家所忽略，尤為謹嚴的史學家所不取，然而它卻極關重要，可以幫助我們瞭解社會自由的本質。在社會形成之前的人類當然不受法律、傳統、習慣、禮教、風俗……等等一切人為的束縛；每一個人都可以逍遙於山林之間，為所欲為，這是毫無問題的。用社會觀點來看，那時的人真可以說已享有絕對的個人自由。但換一個角度觀察，我們也很容易發現：野蠻的人類其實並不如我們想像的那樣自由自在，無憂無慮；相反地，他們在自然界所受到的種種束縛與壓迫實遠過於最殘酷的奴隸制度所加予奴隸的鎖鏈。人的「爪牙不足以自守衛，肌膚不足以扞寒暑，筋骨不足以從利辟害，勇敢不足以卻猛禁悍」（《呂氏春秋．恃君篇》），在自然恐怖的籠罩之下，個人的自由究竟還能有什麼意義呢？所以認真說來，洛克、盧梭所臆想的自然狀態中的自由境界，根本便是野蠻人所無法欣賞與享受的，倒是霍布斯的戰爭與混亂的推測比較還接近歷史的真象一些。自然狀態即使有自由存在也毫無實際意義可言。往深一層看，自然的自由乃是與自然的恐怖同其涵義的；因之，這樣的自由愈多，人的恐懼就愈大，生命的安全也就愈少。所以，野蠻人之放棄沒有價值的自然自由而進入束縛重重的文明社會，是完全出於自願的；於是《呂氏春秋》才接著說：「然且猶裁萬物，制禽獸，服狡蟲，寒暑燥濕弗能害，不唯先有其備，而以群聚耶！」這裡的「群聚」二字正好作為社會契約說的註腳。

從個別求生存的自然狀態進入「群聚」的社會階段，個人的自由當然受了一層限制。這種限制的詳情究竟如何我們現在已無從知悉。不過可以肯定的是，社會對個人的束縛是逐漸增加的；最初個人所受的限制很少，可是人類追求進步的精神不容許社會停止在原始的階段。於是許多為維繫共同生存所產生的共同行為慢慢地便凝固成為某些社會的規範。社會規範既立，個人在自然狀態中所擁有的自由便蕩然無存了。我說這一番話是在說明：自然的自由與社會的自由，雖然都有「自由」之名，二者在性質上卻根本不同。而歷來論自由者多少都忽略了其間的區別。自然的自由存在於社會產生以前，其真意乃指著個人免於人為束縛的自由；這種「自由」祇是洛克、盧梭之流的思想家對於人在自然狀態中的臆測，事實上並不真實，因為那時代替社會束縛的是更嚴厲的自然的壓迫與限制。社會的觀念出現則在社會產生以後，是與社會束縛相對待的；人類於基本上從自然的壓迫與限制中獲致解放之後，感到某些社會束縛也不合理——換言之即非維繫人類共同生活所必須，甚至還阻礙著文明的進步——因而要求重新調整群己之間的關係，使每一個人仍能在社會束縛中獲得最大限度的自由。這種自由絕不是思想家的空想，也不是徒有其名的觀念，而是人們可以從實際生活中體念出來的客觀存在。從歷史觀點上看，自然自由實已成陳跡，文明的程度儘可以不斷提高，社會自由儘可以日益增多，「返於自然」的幻想是永遠不會實現的了。從價值觀點上看，自然自由比社會自由整整低一個層次：前者對於人有害而無益，後者則有益而無害。如果不瞭解這兩種自由在本質上的差異，我們勢必無法對自由問題作任何有效的討論。杜威在《自由與文化》（*Freedom and Culture*）一書中曾指出：「在法國大革命的哲學家看來，個人自由是人類天生的權利，在德國哲學家心目中，祇不過是原始、感性的獸類的自由。」（人生出版社譯本）為什麼人們對同樣一種事物會發生如此極端相反的看法呢？最主要的原因顯然是由於法國哲人分不清自然自由與社會自由的區別，而德國哲人卻將社會自由與自然自由混為一談了。

「自然自由」一詞很少有人提及，瓊斯（Bryn-Jones）的*Toward a Democratic New Order*一書中對此觀念稍有發揮。瓊氏明白地指出，霍布斯、洛克以來的自然狀態說，其本義乃指著「人免於有組織的社會之束縛與關係的自由」而言。因此他承認人類是用「自然自由換取了一種更安全、但也更有限的自由」。這點見解的確非常卓越，但可惜他未能進一步說明自然自由與社會自由之間的本質的差異。由於

十七、十八世紀所流行的自然狀態說的影響，近代自由的觀念無形中遂蒙上了一層消極的色彩——人們一提到自由首先便想到它的意義是不受限制（absence of restraint）。這種觀念與當時新興的中產階級要求經濟自由的事實相結合，這才產生了反對一切社會權威的偏激思想。國家干涉（state interference）被看作不可饒恕的罪惡；反權威成了自由的最大意義。一切自由都止於freedom from。約翰．穆勒在《群己權界論》裡一再強調自由與權威的對立與鬥爭，他說：「自由與權威之間的鬥爭是歷史最明顯的一部分，這一部分我們最早便熟悉了，特別是希臘、羅馬和英國的歷史。不過在古時，這種鬥爭是發生在屬民或某些階級的屬民與政府之間的。因而自由的意義也就是保護人民不受統治者專制的侵犯。除了希臘若干民治政府之外，人們都認為統治者與其所統治的人民係必然地處在敵對的地位。」這種思想顯然是受了absence of restraint觀念的影響而產生的。直到今天，此一消極的自由觀念仍然很占勢力：魯司（Alf Ross）在《為什麼要民主》（*Why Democracy*）中說：「自由似乎是一種消極的概念：它意味著某些事物的消失，這類事物則被個人看作是一種束縛、一種界線、一種限制。一個行為自由的人會感到他的行動是不受限制的、和諧的、自發的。他可以完全承認這種行動是他自己的行動。相反地，一個人的行動受到強迫則會認為他的行動是外在因素逼迫他而發生的。」當代自由思想大師羅素也說：「自由的最基本意義乃是個體或群體的行動不受外在的控制。它因而祇是一個消極的概念，而且自由也並不能單獨地給予社會什麼崇高的價值。」（見"What is Freedom?"）當然我們不能不承認，自由的確有其消極的一面。但是如果我們祇從這一面來發展自由，最後勢必導自由於混亂（anarchy）與無秩序（disorder）。尤以這一路思想係導源於自然狀態的觀念，因之便很容易泯沒自然自由與社會自由的分野線。這在霍布斯的著作中可以得到證明。他認為「對立的消失」（absence of opposition）的自由觀念，其適用於無理性的與無生命的事物並不減於它適用於有理性的人類的程度。從「外在障礙之消失」（absence of external impediments）的角度觀之，則落石、流水都和人有同樣的自由（見其《巨靈論》〔*Leviathan*〕第二十一章論Liberty of Subjects）。

從這一消極的觀點看自由的結果，可能發生兩種極端的錯誤：一是走上黑格爾所謂的「自由即服從規律」的結論，這也正是今天共產主義理論中的自由的定義。另一則是把自由解釋為完全不受拘束的意思，這則是十八、十九世紀中所盛行的「放任」（laissez-faire）理論。這兩極端的弊病大家都已經看得很清楚，用不著多說。但由此我們可以瞭解，消極的自由不能不有其一定的限度，超過了限度便不再是真自由了。

現在讓我們再檢討一下積極自由（positive freedom）的涵義。積極自由之說始創於英國政治思想家格林而且恰恰是針對著當時放任主義的流弊而發的。格林生當十九世紀下半葉，眼見資本主義經濟制度與民主政治之間的深刻衝突；如政府對於自由經濟的畸形發展不能做絲毫有效的調節，則自由主義的精神必將蕩然無存。因此他在一八八〇年所發表的一篇著名講演——「自由立法與契約自由」（Liberal Legislation and Freedom of Contract）中，便提出積極自由的觀念。他認為自由既是公民的主要目標，那它便不能祇是限制的消失（absence of restraint），而應是「一種從事某些值得做的事情的積極的力量或能力」（a positive power or capacity of doing or enjoying something worth doing or enjoying）。根據這種標準，他於是指出契約自由之不足。因為契約自由如果能成為達到上述的積極自由的目標之手段固然也是好的，可是它本身卻絕不是目的。原來在他的政治思想後面潛存著一種強烈的道德意識，他不忍看到少數資本家發達而多數勞工階級淪於悲慘的境地。因此他著眼於全體的福利，並在積極自由的名稱下要求：社會立法須改善一般人民的生活水準。薩賓（George H. Sabine）在其《政治學說史》中說格林：「對自由理論的新增添乃是他的集體福利是個人自由與責任的先決條件之概念。」儘管有人批評格林的積極自由有重群體輕個人的嫌疑，實則如果我們不是極端個人主義者，便很難指責格林的說法是違背了傳統民主的真精神。拉斯基（Harold J. Laski）在《政治典範》（*Grammar of Politics*）中也說：「自由是一件積極的事。它不僅僅是意味著限制的消失。很顯然的，社會調節乃是群居的結果；因為我不能沒有共同規則而生活在一起。不過重要的是這類規律應是從人們可以服從並且一般可以接受的經驗中產生的。」這也是積極自由的真義。

平心靜氣地說，時至今日像十九世紀那種不管事的無為政治確已非改變不可。政府對於一般有關公共福利的事情，如社會保障，必須主動地加以過問。政府權力的加強，祇要不超過人民允許的限度以外，不但不會減少多數人的自由，而且正是自由的保證。把政府權力和個人自由看成絕對的相反的兩件事乃是十八、十九世紀的舊個人主義者的偏見，這在理論與實際上都是沒有根據的。瓊斯在其*Toward a Democratic New Order*中曾說：「自由是去做我們應做之事的能力——它不僅是做這種事的抽象可能，而是做的能力。無疑地，政府的主要功能之一便是為其公民提供種種條件，使他們可以從而獲得做值得做的事情之最大限度的機會。同時它還得促使公民能產生做這些事情的能力和意志。它的真正功能是創造出條件與刺激力以鼓勵公民去做這些事並發揮他們最好的才能。……自由乃是一種操縱自如的本領。政府無法給這種本領與公民，但它卻可以創造一些條件，使人們得以發展這種本領。」

我們之所以必須從消極的自由跨進積極的自由是有其現實原因的。時代不同了，社會處境已變，十八、十九世紀的個人主義自然無法繼續存在。一百年以前，政府愈少干涉行動，則個人的創造力愈大，自由也愈多；今天的情形卻恰恰相反：由於許多壟斷性的集團出現，孤立的個人如果沒有一個確能為他們的共同利益服務的政府作為他們的衛護者，則一切個人自由與基本人權都隨時有被剝奪的可能。杜威在其《自由與文化》中曾說：「當初美國人對自由所採取的立場已經變得非常複雜，這種情形很明顯，因為有人主張要保全民主制度，必須擴充政治的權限，而這一點卻正是創建美國自由傳統的人士心目中的死敵。不管那一派社會哲學來得正確，今天美國的情況與當初已大不相同。因此自由與民主的問題主要不再是一個個人的問題，可以由個人的選擇和行動來決定。」此外他早在一九二八年所寫的〈自由的哲學〉（"Philosophies of Freedom"）一文中，也認為把政治控制與個人自由看作絕對的相反，乃是「古典自由主義中的精緻的政治與經濟自由理論之一種主要謬誤。當時的自由主義者認為個人具有一種確定的、先天的能力秉賦，此種秉賦的發揮如果不受外在的限制便是自由，並且此自由將可以自動地解決政治與經濟的問題。」（見H. M. Kallen所編*Freedom in the Modern World*一書）羅素在〈自由是什麼?〉(“What is Freedom?”)一文裡也明確地指出了這一歷史變化:「個體自由是與社群自由相對待的,在過去它是自由的最重要部分。但在現代的世界中,除非作為團體的分子,個人就很少能夠有多大的影響,因之社群自由的問題便較個體自由的問題來得更為重要了。」

從以上的檢討中我們可知積極自由確是今日時代之所需。但所謂積極的自由,絕不是像極權主義的理論所鼓吹的,建立一個「萬能政府」(omnipotent government)來管轄人民的一切事務。事實上這種理論根本否定了每一個個人的自動自發的自由權利。積極自由的最基本意義乃是所有的人都能在平等的基礎上運用他的自由以從事創造性的活動。這種自由其實也並不是近代人的新發明,歷史家常說「雅典自由的特色乃在其創造性」,積極自由便同樣具有此種特色。並且,我們注重積極自由意思也不是要取消消極自由;相反地,我們覺得前者恰恰可以為後者的補充。消極的自由是一種絕不可少的基礎;人首先必須從外在束縛中解放出來而後才能運用積極的自由。舊自由主義者以為消極自由即是自由的全部,而不瞭解無限制的消極自由最後勢必流為「混亂」,而據羅素的分析,在混亂狀態中強者會侵犯弱者的自由。資本主義從自由競爭發展到壟斷的歷史早已證明了這一點。極權主義者則以為消極自由毫無價值,社會祇需要有「積極自由」便完全足夠,殊不知離開了消極自由的基礎，積極自由根本失所依附，最後便唯有走上少數統治者專政的道路。這兩極端的錯誤的最終結果是相同的；危害民主的存在；不過後者的危害性更甚於前者而已！從民主觀點看，消極自由與積極自由乃是一種自由的兩個層次，它二者既不是相互衝突的，也不是可以機械地予以劃分。這兩重自由的統一與協調乃是在觀念上消解當前群與己、政治與經濟，以及自由與平等種種根本矛盾與糾結的重大關鍵。麥克穆利（John Macmurray）在《近代世界中的自由》（*Freedom in Modern World*）一書中對於這一點有過很重要的提示。他一則曰：「自由即是人在行動中表現他自由的本性。而這種表現的最積極的方式便是說：自由行動便是自發的行動，或自由即是自發。當我們自由地行動時，這種行動乃是自發的，它僅僅表現我們自己；它是不受拘束的，自由行動係從我們的本性湧出的。」再則曰：「我們業已發現，自由是對於自發的行動之限制的消失。任何事物，當它自發地行動時，便是自由的。每一事物都有其本性，而這種本性實際上乃是依照它特殊的方式而行為的能力。」三則曰：「我們不能不承認自由的意義是自發——做我們所做的事而不受內在的束縛。」這種束縛的消失（消極自由）與自發（積極自由）二者貫穿起來解釋自由的本義，的確是深一層的講法，值得我們仔細想想。

以上所論自由之消極與積極的涵義，都是從社會自由的抽象原則方面著眼的；

其實這種原則也同樣適用於精神自由。不過讀者千萬不要誤解，以為我自己也仍然把精神自由與社會自由混為一談。為了澄清這一可能的誤會，我願意把討論的方向轉移到這兩種自由的相互關係上來。關於社會自由中許多問題的詳細探究已非本文篇幅所能容許。我將留到下一篇論文中去處理。這裡所能涉及的仍祇是社會自由的根本原則，及其與精神自由的一般關係而已！

自由導源於個體；因此無論是精神自由或社會自由都必須落實到個體身上才有實際意義可言。從這個中心點出發，我們便可以把握住這兩種自由的基本意義：社會自由意味著在現實社會中建立起合理的制度以保障每一個個人的起碼自由，如免於匱乏、免於恐懼等等自由；精神自由的解釋雖多，但其根本意義也很簡單：即個人如何在內心中求致最大的自由。所謂「內心中最大的自由」，無論是由於服從規律或受理性支配的緣故，總之其結果都是個人在精神世界中達到了一種完全操縱自如的狀態。我們不妨用孔子所說的「從心所欲不踰矩」這句話來說明它的涵義。這種自由表現在道德方面便是中國所謂的聖人境界，表現在藝術方面則是所謂出神入化的境界。

我們知道近來講個人的社會自由的人常常對精神自由採取一種敵對的態度；因而在不少人心目中遂造成一種觀念：好像這兩種自由根本是彼此不相容的。益以極權主義者盜用「自由即必然」，「自由是服從規律」之說的結果，極端的個人主義者甚至認為講精神自由最後勢必淪入極權主義的泥淖之中。但是如果我們在上面所解釋的精神自由與社會自由基本上是正確的，那麼我們既找不出這二者相互衝突的根據，也無從肯定精神自由與極權主義之間的必然關聯。恰恰相反，我們所看到的這二者之間的關係乃是它們在根本精神上的協調與統一。此協調與統一是由許多共同因素造成的；首先，最重要的是它們都導源於個人，其目的都在提高個人的價值與擴大個人的活動範圍；其次，孔子所謂「為仁由己」的自由，西方哲人所謂「自動自發」的自由，或希臘的創造性的自由，都是一脈相通的，都能用以說明精神自由與社會自由的性質；第三，孔子所謂「從心所欲不踰矩」與西方的消極與積極兩重自由可以並行不悖，前者是精神自由的界說，後者是社會自由的內涵。從這些犖犖大者的相同點來看，不僅精神自由與社會自由是同其方向的，並且西方的自由與中國的自由也有貫通的可能，麥克穆利說：「個人的自由之中包括著一種經濟自由，這是我們與物質世界的關係；一種社會自由，人們在社會生活中的有機的相互關係；以及一種精神的思想與情感之自由，這是自由的特色。」麥氏把自由分成三類和我所說的兩種自由並無不同之處，因他的第一、第二兩項自由都已包括在我所說的「社會自由」之內。值得指出的是麥氏也是從個人出發來講自由的，同時他把自由分成三個層次也正說明這三種自由原自統一於人的，其間並無衝突與矛盾存在。傑佛遜（Thomas Jefferson）指出：「我們的國家已經給予了世界上一個人身自由的榜樣，可是還沒有把道德上的自由做到，因為所謂道德上的解放，到今天為止，祇不過徒具虛名而已。」（見《傑佛遜民主言論錄》，高原出版社印行）從這幾句話裡我們也不難看出社會自由與精神自由在傑氏的心目中同樣是一種自由的兩個層次。

但是何以極端個人主義者會對精神自由發生如此嚴重的反感呢？這也有其歷史的背景。原來十八、十九世紀的社會自由主要表現在政治範疇之內；換言之，那時的自由運動是以政治自由為中心的。政治自由係具體地表現在一個個的個人身上，而精神自由則不能不涉及文化整體。極端個人主義者沒有分清其間交互錯雜的關係與自由之各種層次，遂以為離開了個體自由而講全體自由便必然會落實為極權政治，其實完全是缺乏根據的憂慮。誠然，我們不能否認，極權主義是一種全體主義的，是否定個體的獨立價值的，同時也常常盜用全體自由之名。但是這是無關緊要的，因為祇要對於這類極權理論稍加分析，則任何具有理性的人都會發現其中並無真正的自由元素——它不僅不容許個體自由存在，就是「全體自由」也祇是騙人的幌子。

我們的看法，即使是個體自由在今天也絕不能局限於政治範疇之內。一方面如前所說，個人主義的時代已成過去，而另一方面政治在整個社會結構中的重要性也已大為減退。我在《民主革命論》中曾經說過：「政治活動與經濟活動或其他一切人類活動一樣祇是文明的一個方面而非全部。」又說：「我們通觀全史當可看出政治的作用是和文明程度成反比的；因為有些過去可以憑著政治力量來解決的問題，今天則必須在政治以外去求解決。」政治既然不是人類生活的全部，自由便當然無法止於政治自由的狹隘內涵。所以聯合國的人權宣言便在傳統的政治與文化之自由的基礎之上特別強調公民的經濟與社會之自由和權利的擴展。這說明政治自由無論如何都是不夠的了。其實杜威很早便看到了自由所面臨的困難，他的《自由與文化》一書的主旨便是給自由找到一種鞏固的新基礎。他開宗明義地告訴我們：「獲致自由是政治歷史的鵠的；而自治政府尤為自由人民與生俱來的權利，因為一旦獲得了它之後即應把它認為高於一切。可是環顧今天的世局，在許多假定具有自由制度的國家中，其自由制度之崩潰與瓦解，與其說是由於被人故意推翻，毋寧說是由於熱烈自願的放棄。……以前有過一個時期，這些問題看上去主要或完全是政治上的問題。現在可不同了。我們現在知道這些問題中的現象，大部分是由於依賴它本身以外的因素所產生，特別是經濟。」「對於這種看法；即認為政治自由是唯一必要的，有了政治自由之後，其餘的自由均會隨著時間而增加的觀念，現在已經不容易接受。因為現在的人已經瞭解到，在政治制度之外，所存在於人與人之間的關係，以及工業、交通、科學、藝術和宗教之間的關係都會影響到日常生活上的接觸，因此進一步深深地影響到政府與法律所表現的態度與習慣。……這個觀念就是我們所要討論的一切的主旨。人類日常生活上的聯繫和共同生活的條件，這一切錯綜和複雜的關係，我們總稱之為文化。」杜威這番話顯然是因為政治自由的存續在今天已受到了嚴重的威脅而發的。我們誰也不會相信杜威是否定傳統政治自由的價值的人，可是客觀環境已變了，他也無法為孤立的個人自由作辯護了。過去提倡個人自由者很少注意到個人自由是在一定條件下才能產生的，並非真的是什麼「與生俱來」，一成不變的事物。杜威則指出：「假如我們要個人獲得自由的話，我們先得要有能產生自由的適當條件。」這是非常重要的一點，但卻最不易為極端個人主義者所接受。他們頑固地拒絕一切對於傳統的自由形態的任何修改；因為在他們心目中，修改便等於取消，都是極權主義的一丘之貉。

我們承認對於傳統自由的改進不能出之於敷泛的調和之情——如過去所流行的政治自由與經濟平等相加的論調，而必須出之於真知灼見。我們在這裡討論的中心，正如聯合國《人權宣言》一樣，乃是如何使珍貴的自由傳統獲得更有效的保障與進一步的發展。我們已一再說過，自由基本上是導源於個體的，離開了個體自由便毫無意義與價值可言。但是在如何使個體自由具有實際而豐富的內容這一點上，我們卻不能同意極端個人主義者的觀點。我們認為自由必須從政治範疇中解放出來，這是依於我們的有生命的文化整體觀而產生的必然結論。任何一種文化，其本身必然具有一種一貫性的系統，在此系統中之各個部分則雖象態萬殊而實歸於一，彼此之間具有相當程度的協調與配合；否則此文化必不是定型的，而係處於變遷過程之中。而所謂變遷則仍然是在走向定型與一貫的途中。基於這種瞭解，則所謂社會自由、政治自由或個人自由者便不能不是一整個文化自由的網絡中之一方面表現。過去西方社會自由之所以發生問題則正是由於它太偏於個體、偏於政治，未能與整個文化系統取得有機的配搭。今後社會自由的根本問題也是如何使自由精神能貫穿於整個文化系統之每一角落。這裡我還是願意借用杜威的話來加強我的看法：「自由的問題和民主的問題，實際上與存在的那一種文化的問題是不可分的；自由的政治制度必須存在於自由的文化中。」

明白了這一點之後，我們便可以回到前面關於精神自由與社會自由之間的關係的本題上去。以往精神自由與社會自由的脫節，一方面固是因為缺乏文化整體的認識，另一方面也是由於過分重視政治自由的結果。在這樣情形之下，則精神自由遊蕩於空中，上無所牽掛下無所依附；而形形色色的極權主義者也可得而利用之。但在文化整體的大前提之下，這一道鴻溝基本上已被填平了。（關於文化整體的問題，請參看我的近作《文明論衡》，高原出版社印行。）當整個文化系統都是自由的時候，精神自由與社會自由的和諧並存難道還不是自明的真理嗎？不過有一點我們仍得注意：從西方近代文明的發展歷程上看，文化自由的起點依然在社會自由，而社會自由則不能不從傳統的政治自由中逐漸推廣蔓延出來。這不是一個理論問題，而是歷史發展的必然過程。精神自由亦能在質上提高社會自由，但一般地說，社會自由卻可以在量上擴大精神自由。「衣食足而後知榮辱」，我們不希望祇有少數「從心所欲不踰矩」的聖人的社會，而希望一個每一個人都有超凡入聖的可能條件的社會。要做到這一點，說得明確具體一點，必須仰賴於民主自由的社會制度之建立；因為唯有經過制度化這一轉折才能使儒家所謂「人人可以成聖賢」的話發生實際意義。更祇有如此，才能使中西的自由觀念走上真正生命的融會貫通之路！

第二章

社會自由及其實現

在上一章中，我們大體上對自由的意義從本源處做了全面的討論。現在我們應該專對民主社會中的自由涵義加以發揮，這種自由簡言之即是我們上章所稱的社會自由。魯司在《為什麼要民主》一書中曾把自由和強制做了一番比較的討論，他將強制分成三類：自然的強制、外在社會的強制，及內在精神的強制；人類征服自然是向自然爭取自由，克己復禮是向自身爭取精神自由，至於如何覓取人與人之間的關係中的自由，那便是社會自由所當處理的問題了。

首先我們必須瞭解的是，社會自由在本質上是相對的、有條件的。我們對於自然的限制可以不斷地加以征服，人為的努力增加一分，科學進步一分，自然的限制便減少一分，而人在自然界所獲得的自由總量也就為之加多了。但是對於社會限制，我們卻無法走一往直前的征服之路；因為無論人類文明提高到何種程度，社會所加予人們的種種限制是無法根本取消的，最多祇不過在方式上有所改變而已！我們可以推翻一個腐敗或專制的政府，但我們終不能沒有任何政府，即使是最積極的無政府主義者也不敢說人類將來可以達到沒有絲毫社會規範的境地。

這樣我們看到，社會自由事實上是處於兩極端之間：一端是絕對的「自由」，另一端則是絕對的限制。前者僅存在於自然自由的狀態之中，雖名為自由，而實即混亂，這種自由即使存在，也毫無價值可言，因為其中沒有涵攝著文明的意義；後者則是歷代統治階級對於人民大眾採取各種程度不同的一種壓迫方式，其與自由之義背道而馳，也是顯而易見的事。在這裡，我們一方面固然可以瞭解到社會自由的正確地位，另一方面也更深切地體念到社會自由如何始能在此兩極之間求取一種不偏不倚的存在，乃是極費周章的問題；拉斯基在其《近代國家中的自由》（*Liberty in the Modern State*）一書中便為我們指出了這一點，他承認：「如果在任何國家中，有一群人具有無限的政治權力，那麼被這一群人所統治的人民便不可能是自由的了。因為歷史研究已確定了一項結論，那便是無限制的權力對於它的掌握者自是永遠有毒害的，掌握著無限權力的人總是被引誘著去強迫人民接受他們自己的價值標準，結果他們卻反過來肯定社會價值之存在全靠他們的繼續掌握權力。因此自由總是要求對政治權威加以限制，除非國家的統治者在必要時可以受到譴責，否則自由是永遠無法獲致的。……我用限制的消失來界定自由，我自然衹是把它看做一種純粹消極的條件。我並不因此而認為人們在社會中所受的限制愈少，他們便愈幸福。像在我們自己的社會裡，人類的眾多與慾望的分歧已使得規律與強制成為必需的了。任何規律與強制都是對自由的一種限制。其中有些限制實為幸福所仰賴，但這並不減少限制之所以為限制的分量。我們的任務便是在我們所需要的自由與社會所必要的權威之間尋求這樣一種平衡……。」（頁四九）他又說：「沒有人是單獨存在的，他與其他人共存，也生活於其他人之中。因此他的自由也永遠不是絕對的，而社會與個人的經驗的抵牾則不能不產生若干共同的行為方式以加諸我們每一個人的身上，否則此種抵牾必將毀滅了和平。廣泛地說，這種共同的規範乃是自由所必要的，因為它造成了和平；而和平則為維持自由的條件。……我們不能說所有政府加強人民的原則都是應當的。我們衹能說有些已經加強我們的原則是和自由的核心連在一起的。」（頁一六一——一六二）

我們完全贊同拉氏把社會自由安排在絕對自由與絕對限制之間的觀點。這觀點也正與約翰．穆勒用「群己權界」來界定自由之涵義有其一脈相通之處。事實上毫無限制的自由是缺乏任何實際意義的，那衹是混亂（anarchy）而已！即使是最相信天賦人權說的人們也不能否認社會需要法律與權威這種客觀事實。霍布斯在其《巨靈論》中把自然狀態中的人生描寫得非常恐怖與黑暗，這也許渲染得過火了一點。但我們也得承認在當時野蠻的情形下，唯有組織的社會才能結束自然的混亂。否則所謂「自然自由」，如我們在前章「自由探本」中所觀察的，最多也不過是弱肉強食的代名詞罷了！因此適當的法律與權威不僅不是自由的摧毀者，倒毋寧是真正自由的保證。瓊斯告訴我們：「法律這種限制乃是保障自由的。它守衛並擴大了我們的自由。包涵在國家權力之中的政府強制，或這種強制的可能性，把我們從一種更壞的強制中解救了出來；而這種壞的強制力量則是我們孤立無援的人所不能對抗與限制的。」（*Toward a Democratic New Order*, p. 103）

關於社會自由的相對性，除拉斯基外，瓦爾克（Gordon Walker）在其《自由的重申》（*Restatement of Liberty*）一書裡也有比較詳細的分析，他認為：「在自由的上層限度與下層限度之間有著各種不定的程度。人類自由的本質乃是人可以或多或少地具有自由：他永遠不會面對著絕對自由或毫無自由的兩極之間的選擇。……

自由永無法達到完全自由之點。它有其上層與下層的限度。人類自由既不能是絕對的，也不能是根本不存在的。」自由何以要受到限制呢？瓦爾克也給了我們一個很明白而具體的答覆：「人之所以為人乃是一個社會的動物。因之，祇有作為社會動物的人，而不是作為原子與孤立的個體的人，才能意識到自由。自由預先假定了社會的存在；它也僅能存在並被生活在其他人之間的人們運用於社會狀態之中。」（頁一三〇—一三一）

這幾位政治思想家對於自由的本質的討論都不期而然地達到了「社會自由是在絕對自由與絕對限制之間的一種相對存在」的共同結論。由此可見，社會自由儘管隨著整個文明的進步而日益增多，但它終究是一個無限止的螺旋發展體，永遠沒有達到終點的一天，正如盧梭認為真正的民主是永遠不會實現的一樣。同時，就人類已往的經驗看，人類所能做的事情或所能獲致的價值都是相對的、有條件的。因此，社會自由的這一根本特色使得我們對於它的前途有樂觀的理由。因為我們可以不斷用人為的力量去爭取它的逐步實現。但是僅僅在理論上做這樣的肯定是容易的，至於社會自由究竟應安放在絕對自由與絕對限制兩極之間的那一點上——也就是說怎樣才能使它在不超越上層或下層的限度的前提下獲得發展——這裡便需要耗費人類一番大學問、一股真精神，不是隨便說說便可以解決得了的。為了避免問題的討論流於空洞起見，我們願意比較具體地分析一下社會自由的內蘊。魯司教授在承認了社會自由的相對性之後曾說過幾句很富有啟示性的話，他說：「很顯然地，絕對的社會自由是永遠不存在的——由於一切社會包涵了許多個人生活的某些聯合——物質自由的自身遂分解為一系列的個人自由，那便是一些特殊的、界線分明的範圍，在這些範圍中社會沒有任何要求可以和個人的願望相衝突。」（"Why Democracy?" p. 102）魯氏的話，很順理成章地把相對性的社會自由與個人自由聯結起來了。同時，在次章〈平等概念的檢討〉一文中已說過：「自由所根據的乃是人的不同的、也就是個人性的那一面。」在〈自由探本〉，我又復指出：「自由導源於個體。」從這一觀點出發，我們看到了社會自由的中心涵義：個體自由。不幸時至今日，由於極權主義者的長期一貫誣衊，個體自由在不少人心目中幾乎已成為「自私自利」的同義語，因此我們第一步就不能不對此一社會自由的核心觀念詳加解析。

首先，我們必須肯定個體自由是社會自由的主要內涵這一命題。當然，我不是說社會自由與個體自由二者在外延與內包上都完全契合，如果這樣那就未免過於貧乏化了自由的內容。我的主要觀點是在指明，從近代歷史的客觀事實上看，個體自由一向是民主主義者所追求的目標，因之離開了個體自由，近代民主便很少有意義與價值可言了。即使展望遠景，個體自由雖不能不因為文化條件之變遷而當加以修正，但它無論如何總還不失為社會自由的精華所在。如果我們捨此不顧，則恐怕不僅不可能獲得自由的新義，而且連幾百年來人民流血流汗所追求到的一些最可貴的自由傳統都將一併失之。社會自由的任何新的增添都必須以舊有自由為基礎，這是不容懷疑的絕對真理。在英、美民主傳統中，社會自由離開了個體自由便祇是一具失去了靈魂的軀殼而已！杜威在《自由與文化》中說道：「在美國與英國的自由傳統中，自由的觀念都是和個體性、也就是和個人的觀念連在一起的。這兩個觀念的關係是如此之密切，而且時常相提並論，以致大家都認為這種密切的關係是天生即如此的。」英國的柯爾（G. D. H. Cole）也說：「我初未言團體之無限的自由不能擔保團體之真自由亦如個人無限的自由之不能擔保個人之真自由。於此二者中吾人之目的均為個人的自由；因『自由』一語，於最後時，除指個人之自由外，無意義可言。吾儕若欲稱一國為『自由國』或一教會為『自由教會』，固無不可；然於二者中吾人所謂之『自由』乃均指為此群或群體分子之個人的自由。」（*Social Theory*，張東蓀中譯本）社會自由之遭受嚴重的誤解乃是十九世紀中葉馬克思輩所倡導至二十世紀初葉而大為風行的共產主義與社會主義運動興起以後的事。尤以極權政體建立之後，這誤解傳布得更為廣泛。不少人因此認為社會自由主要應該是國家的自由或群體的自由，個人自由不僅不足以盡自由之涵義，而且還是國家或群體的自由的破壞因素。事實如何呢？這種謊言是經不起分析的，卡爾教授（Prof. E. H. Carr）在其所著《民族主義及其後》（*Nationalism and After*）一書中便對「國家自由」一樣作了如下的解剖：「自由對一個國家來說，祇有它當為該國的所有人民（男人與女人）所要求，並且認為與他們的自由有著密切關係的時候，才有意義可言。但是像在兩次大戰期間所出現的那種一致否定國內大部分人民的基本權利與自由的國家自由，實在是比名詞上的矛盾高明不了多少。」又說：「未來和平的謀取者所必須求以建立的自由與平等，並不是國家的自由與平等，而是將表現在男女的日常生活中的自由與平等。」卡爾教授的話雖略嫌偏重個人的自由，但他對國家自由所下的界說亦正與柯爾的自由觀念甚為相近，我們如果不是別有用心的話，便無法不承認個人自由在近代民主社會中所占據的重要地位。

然而極權主義的共產黨人卻絲毫不顧事實地抹殺社會自由的這一特質，他們根本否定自由的理想性的一面，而一口咬定這種自由是屬於「資產階級」的。列寧早在《國家與革命》中便說：「資本主義社會裡的自由，始終是與古代希臘共和國裡的自由大致相同：祇是供奴隸主享受的自由。」一九五〇年一個法國的共產黨徒茄羅蒂（Roger Garaudy）曾寫了一本《什麼是自由》（*Grammaire de la Liberté*，三聯書店中譯本）：乃面對傳統的社會自由一貫地加以誣衊，說「自由始終是階級特權」，「個人自由和國家法律就是這階級統治的兩副面孔」。另一方面，卻靦顏地把他們自己的極權統治歌頌成「人類最高的自由境界」，他說道：「我們的自由不是孤立的個人自由，別人的自由不僅不是我的自由的界限或否定，而是實現我的自由的必要條件。必須我周圍的一切人都獲得自由，然後我才算是真正自由了。這樣的社會性的自由，祇是在無階級社會裡才能獲得。……這種自由不存在於荒野孤林中，而是當人類消滅了階級的對抗，對人類的社會關係的瞭解像科學家對自然法則的瞭解那樣明確的時候，在人類自覺的和有組織的合作之下，方能實現。無產階級專政，就是走向自由之路。」（頁一四六—一四七）在這一段表面上很美好的詞句的籠罩之下，我們看到了共產黨人扼殺自由的猙獰面目。他們企圖根本推翻自由導源於個體的這一不可動搖的原則。他們否認自由必須從一個具體的「我」開始，而把自由安放在虛無縹緲的「別人的自由」的基礎之上。試想如果每一個「我」的自由卻要等到「別人自由」以後才能獲得的話，那社會自由還會有真正實現的時候嗎？他們利用一般善良人民的「利他」心理的手法固然巧妙，但是由於這些話在本質上是虛妄性、欺騙性的，所以畢竟經不起理性的分析。而「無產階級專政，就是走向自由之路」一語，也終於把他們的狐狸尾巴暴露了出來。

我們明白了共產黨人對自由的極端曲解之後，顯然更應珍重近代民主自由運動的一切具體成就了。而這種具體成就的最主要內容則是不折不扣的個人自由。但是在這裡，我們卻碰到了一層困難：一方面我們瞭解個人自由是如此的重要，而另一方面我們又不能不承認，近代的個人自由到了十九世紀中葉以後，的確產生了許多弊病；而這些弊病也正是極權主義者所持以攻擊傳統自由的事實根據。個人自由的最大缺點，根據社會主義者的控訴，乃是造成少數大資本家壟斷整個社會的經濟命脈而使多數人——特別是勞工階級的個人自由陷入空洞無意義的境地：因為經濟上的壟斷已根本上取消了政治文化方面的個人自由（這是傳統自由主義的主要內涵）。對於這一攻擊，我們似乎無法從正面為「個人自由」做辯解。但是如果我們肯對此控訴詞加以分析，也許問題便不像表面上所呈現的那樣簡單與不可補救了。我們首先要注意的問題是，個人自由與資本主義之間的關係究竟如何。依照社會主義者經濟決定論的說法，個人自由乃是資本主義經濟制度的副產物或上層建築；因之，個人自由之弊病也就是資本主義發展的必然歸趨。撇開唯物史觀的理論錯誤不說，僅僅從歷史上看，這種控訴便顯得缺乏事實根據了。我們知道遠在古希臘時代，個人自由即已相當廣泛地存在著；甚至在黑暗的中古時代，據季爾克（Otto von Gierke）教授在名著《中古時代的政治學說》（*Political Theories of the Middle*

Ages）中的考證，個體的價值仍然是非常受到人們的重視。然而古希臘與中古時期，資本主義卻是根本不存在的東西。尤有甚者，近代個人自由的真正發端乃在於文藝復興時代的人文主義。我在《近代文明的新趨勢》裡曾有過如下的一段觀察：「人文主義是近代文明的最基本的精神；從此一精神上遂派生出一種極有力的歷史潮流，那便是婦孺皆知的個人主義（individualism）。如果說人文主義是提高全人類在宇宙中的地位以對抗基督教的神道權威，那麼個人主義便是提高個人在社會上的地位以對抗傳統的封建束縛；而首先倡導並實踐個人主義的便是當時的人文主義者，由此可以看出二者的關係是如何的密切。中古的社會是以群體來束縛個人的，要個人成為群體的工具；個人主義則公開地為個人爭取解放與自由，而反對一切權威與傳統。所以個人主義的中心便是自由。」因之，從時間上看，近代的個人自由實先於資本主義而出現。根據這一點，資本主義與個人自由的真正關係便不難找到了：它二者的結合乃是歷史發展過程中的偶然事象，而非依於某種「必然之理」。個體自由是近代民主的主要成就，而民主與資本主義則顯然是兩回事，魯司與馬基佛（Robert Morrison MacIver）都曾分析過其間的關係所在，認為真正代表資本主義政治哲學的乃是自由主義，而非民主。（參看本書〈自由與平等關係的探討〉一文。）

經過以上的分析，我們大致已不難承認個人自由確有其不可磨滅的永久價值，它不但與資本主義的罪惡毫無因果關係，而且還是近代民主所不可或缺的內涵。基本上肯定了個人自由的價值之後，我們還得承認個人自由的另一特性——隨文化條件的不同而改變。羅素在〈自由是什麼？〉一文曾說：「個體自由是與社群的自由相對待的，在過去它是自由的最重要部分。但在現代的世界中，除非作為團體的分子，個人就很少能夠有多大影響，因之社群自由的問題便較個體自由的問題來得更為重要了。」此外杜威在《自由與文化》中也曾用同樣的理由解釋過美國自由的變遷。歷史事實如此，我們固不必故意為個人自由曲辯。但是這種變遷卻不容許任何極權主義者或集體主義者所能夠利用為反對民主的理論藉口。十八、十九世紀的個人自由之所以要受到若干修正，並不是因為個體自由根本要不得，相反地，倒毋寧是由於那種過度發展了的個體自由已經走到了與自由真義相違反的地步——少數人的個體自由（特別是在經濟方面）因為沒有受到更高度的文化規範的限制，在與某些現實條件相結合之後（如資本主義中的自由契約）便侵犯了大多數人的個體自由。因此，我們民主社會中對於個體自由的任何修正都是為了要增加而不是減少絕大多數人的個體自由。個體自由的本身，在一定的文化處境中，是有其一定的上層與下層的界限的，不足下層界限固然不行，超越了上層界限也同樣是要不得的，因之也就不能算作真正意義上的個體自由了。個體自由是社會自由的根本，也是一切其他自由的源泉。因此，我們講社會自由時便必須把重點放在個體自由而非群體自由上面。在過去的政治哲學裡，這兩者差不多總被人們看作是相互衝突的東西。這是一嚴重的錯誤。群體是個體的聚集，世界上從來沒有一個離開個體而超然獨存的「群體」。國家是到現在為止的最高群體形式，而人民則是國家的三大要素之一。如果我們把社會自由的重點放在群體上面，則對內束縛人民對外侵略他國的帝國主義「國家」要算是獲得了極大的「社會自由」的國家了。然而我們卻從未聽說有人把蘇俄、納粹德國或法西斯義大利稱作「自由國家」的，有之便是他們的統治者自己。很顯然地，從群體講自由是引不出個體自由來的，而對於適合一定文化條件的個體自由的保衛與追求，卻可以很順乎自然的導致真正的群體自由。何以故呢？因為任何集體都是在許多個體的共同要求產生的；群體自由祇是個體自由的外殼。這二者的關係既明，我們便不應再擔心個體自由會毀滅群體自由了。也許有人會問：「難道以往歷史上從來沒有個體自由妨害群體自由的事情發生嗎？」我們可以說，真正的個體自由是絕不會如此的，有之，便是極端個人主義；而極端個人主義不僅不是個人自由，倒恰恰是個人自由的敵人。由此可見，個人自由的遭到損害實是群體自由被侵犯的根源。那麼，即使為了獲取群體自由，我們又怎能不用全力來保衛並追求個體自由呢？

討論過群體自由的一般關係之後，依據羅素在〈自由是什麼？〉一文中所指示的另一種自由的分類法，我們應涉及政治、經濟、文化各種特殊範疇的自由。關於這些各種各類的自由彼此之間的關係，我在〈自由與平等關係的探討〉中曾略略提及，此處暫不必管。等待後面談到自由的實現時再一併加以檢討。這裡所要指出的乃是這些自由和個體自由之間究竟存在著怎樣一種聯繫。據我仔細思考的結果，這些自由都是以個體自由為中心向社會各面推演出來的。譬如說政治自由，並不是政治制度本身的自由，而是政治制度可以保障在它下面的每一個個體的自由，即個人（成人）享有選擇政府的自由，而不受任何條件如性別、身分、財產等等的限制。經濟自由與文化自由亦復如是，前者指個體的「免於匱乏」的基本保障，後者指個體思想、言論、出版等創造活動的不受束縛。離開了個體，這些特殊範疇的自由便都失去了意義。通常我們所說的「個體自由」事實上已把這一切自由都包涵在內了，而「群體自由」一詞則是用來形容由具有這種個體自由的眾多個人所共同組成的社群的基本性格。由這種種分析中，我們顯然不難看出：在民主意義上的真自由，儘管可以作各種方式的分類，其本身卻是渾然一整體，貫徹在整個民主社會中的每一面。群體、個體、政治、經濟、文化……等各項自由都統一於這一真自由的精神之下，並無本質上的矛盾與衝突可言。我在本書中所一再使用的「社會自由」便是統攝了實際社會生活中各式各樣自由的自由整體。（精神自由並不包括在內。）問題談到這裡，讀者們便會瞭解本文所以強調個體自由的立論何在了：過去極端個人主義者講個體自由其錯誤乃在於把它孤立了起來，以致顯得缺乏堅固的理論基礎；現在我們雖亦同樣注重個體自由，然而卻是從個體與其各種交錯的社會關係上著眼的，因此這種個體自由便不至於有過度偏向發展的毛病，而可以照顧到社會關係的各方面。如果以往個體自由本身確曾有過弊端的話，其弊端也祇應由「極端個人主義」來負責，我們並不能據此否定個體自由的全部價值。尤以自由導源於個體這一事實，使得我們更無法不從一種新的意義上重新闡釋個體自由的本質，以對抗任何對於社會自由的涵義的曲解。

以上的辯論旨在環繞著個體自由來發掘社會自由的內涵。由於篇幅所限，有些細微末節都未加研討。然而社會自由畢竟不是個體自由所能完全代替的，它還有什麼其他的涵義呢？我們也不能不有所交代。但在未涉及社會自由的其他涵義以前，我願意先檢討一下社會自由的如何求取實現的問題。因為祇有從實踐之中我們才能看到社會自由的全面展開，僅僅空談這樣、那樣的自由是無法獲得有思想的讀者同情的。

自由的實現可以說是人類歷史發展的中心線索之所繫，絕不是語言文字所能完全解說得清楚的。關於這一點，我們衹能訴諸以往的經驗——從歷史進程中追溯自由理想如何逐漸走向社會化的途徑。

從歷史上看，特別自法國革命以降的西方近代史表現出人類一種不惜犧牲任何代價以追求自由的精神。這樣我們可以看到，社會自由的實現的第一個條件便是人為的努力。自由絕不能是被賜予的，所賜予的祇能是特權，而且還限於極少數上層階級人士，如中古的貴族與封建主。自由也不能自然獲致，一般人民的自由多一分，統治者的權力也就隨之減少一分，而歷史告訴我們：即便是最開明的統治階層也不會自動地放棄或讓出他們的權力，除非在人民群力的壓迫與威脅之下。所以自由的任何增添都必然是人民爭取的結果。接著我們要問：自由又是如何爭取來的呢？就過去的經驗來說，乃是無數覺醒了的個人，團結成一強大的戰鬥群體，用共同的實際行動爭取得來的。這裡最值得注意的乃是「覺醒了的個人」一點：爭取自由的意念最初係發源於個人，必待全體或大多數被壓迫的個人都有了這種要求自由的覺悟時，爭取自由的社會才能展開。從爭取自由發端於個體這一事實來看，我們便無法不承認個體自由在社會自由中的首要性。而另一方面，群體自由對於個體自由的依存關係也更清楚地顯露出來了！

但是當人們僅僅有著爭取自由的意念與行動時，社會自由的實現才不過走了第一步。社會自由不能單獨地靠主觀條件而存在，它必須另有其客觀因素的基礎。古代的奴隸叛變、中古的農民革命，所以不能成功或成功後立即變質，主要原因便是缺乏保障社會自由實現的客觀條件。如何在現實社會中保障個體自由呢？我們找到了近代的民主制度。因此我們在這裡所討論的社會自由的實現，實際上便是自由精神的制度化。自由精神的制度化可以牽涉到整個民主制度，但是我們無法討論得如此廣泛，祇能把問題的範圍加以嚴格的限制。因此我願從群體兩方面來探討自由實現的途徑。在群體方面，我們認為自由實現的關鍵存在於權力的形態；質言之，集權制度必然摧毀自由，而分權制度則是自由的保證。在個體方面，我們認為自由的實現決定於權利制度的建立；換言之，祇有通過美、法革命以來，西方民主國家所創建的人權制度，個體自由才能獲致確切而具體的保障。

分權（separation of power）制度與理論雖然都是近代的產物，但權力卻是自有文學記載以來便為人們所一再討論過的問題。羅素（Bertrand Russell）在其《權力》（*Power*）一書的最後一章中，開頭便引了《論語》「苛政猛於虎」的一段話，說明權力問題的古遠起源。如何控制權力，使不致流於濫用，羅素在此肯定了民主政治的作用與價值。他認為早在希臘時代，民主政體便已企圖限制濫用權力，可惜民主本身失敗了，以致未能收效。近代民主，據羅氏的意見，是對於控制權力問題的根本解決之道——雖然，並不是十全十美的辦法。

我們都知道，英國是社會自由發展得最早的近代民主國家，而同時英國也是分權制度與理論產生得最早的國家。由此可見這兩者之間的關係如何密切。英國的分權制度早在十三世紀初年即已見端倪，一二一三年的大議會（Great Council）及由此而產生的大憲章運動便為近代英國分權制度開了先河。當一二六五年大議會改為兩院制的國會時，立法權已正式與行政權分開了。至於分權理由，一般人祇知是法哲孟德斯鳩（Montesquieu）的創見，其實早在十七世紀時英國政治哲學家哈靈頓（Harrington）已經提出「分權」為他所稱的「平等共和政體」（Equal Commonwealth）中結構原則之一；而洛克亦復承認人民的立法權力在於建立最高的立法機關。當然，真正把分權與自由的關係一語道破的還得要數孟德斯鳩。孟氏之所以鼓吹分權理論，乃是因為他居留英國期間對英國政體做深刻觀察的結果。他在其《法意》（*The Spirit of the Laws*）名著中，把英國的政治自由完全歸功於立法、行政、司法三權的分立與相互牽制，他根據這一事實而建立起制定自由憲法的理論根據；其影響使美、法兩國的權利宣言與憲法者極為鉅大，這已獲得歷史家的普遍承認。

雖然，分權對於社會自由的保障已經孟德斯鳩指出，但是這兩者何以會發生如此密切的關係呢？我們在此不能不略加探討。前面我們已從事實上看到分權與自由的依存關係。現在我們願意反過來說明：集權制度何以會侵害社會自由。關於權力的根源，我不取尼采之流的哲學家所謂人有愛好權力的天性的說法。權力無疑是社會關係的產物，也是維持社會存在所必須的條件，因此它本身便無所謂好壞，好壞決定於如何使用。至少從已往的歷史看，權力如果集中在一個獨裁者或一個黨派之手，則一定發生濫用權力的現象；因為社會上已經沒有其他東西可以控制權力了。湯姆遜告訴我們：「權力祇能被其他形態的權力所抵銷、所限制、所推動，這實在是政治學中的常識。」（拙譯《平等》）而集權制度則正是集一切社會權力於一身。執政的人既具有無限的權力，可以為所欲為，社會自由當然就毫無保障了。在集權制度下，如果還有少數人享有「自由」的話，那最多也不過是統治者賜予的特權而已！分權與集權的最大不同便在這裡：分權是把社會權力依據其性質（如立法、行政、司法……等）劃分成各種獨立的範圍，使各種權力得因「牽制與平衡」（check and balance）的作用而減少其被濫用的可能性。社會自由便是在這種相互牽制與平衡的分權制度的網絡中，鞏固地建立起的！因此湯姆遜在其《平等》中堅持民主社會必須是分權社會的原則，他指出：「民主政府的基本問題乃是將社會行動和政府權力的範圍，審慎地劃分清楚，以適於獨立自主的專家處理他分內的事務，並確定人民在某些地方能夠適當地獨持異見。」這幾句話道破了分權與社會自由關係的真諦。據湯氏的意見，分權是和法治（Reign of Law）分不開的，這二者甚至可以說是一件事。同時他復引了一位德國人對於法治的觀察：「法治給政治權力打了一個折扣。它牽制了野心政客對於權力的爭取與使用。他的行徑越恣肆冒險，他所受到的牽制也越顯著……法律平衡了一個國家中許多爭奪最高權力的社會勢力。」從上述的法治（亦即分權）的作用來看，我們已不難進一層瞭解它保障自由的內在根據之所在了。

關於分權制度，有一點必須指出，那就是不能祇重形式。傳統的分權，如所謂行政、立法、司法的三權分立，其實乃是形式上的分立；僅僅有此分權的形式依然無法保障社會自由的存在。這是近來極權國家興起後給予我們的重要教訓之一。無論是法西斯、納粹或共產國家，同樣可以具備形式上的分權制度，而不致影響集權的本質。如果我們僅僅持著形式上的分權標準去判斷一個國家中的人民是否享有自由，那就不免要驢頭對不上馬嘴了。並且，過去的分權主要祇是一種政治權力的劃分，行政、立法、司法等都可包括在廣義的政治範圍之內。這祇能稱之為「脫離政治」（taking out of politics）的運動。認真講來，我們現在所需要的分權，一方面是要將社會中政治、經濟、文化、法律……各種主要權力劃分開，使不致全部集中於統治者之手，有如極權政體之所為；另一方面，在每一種特殊範圍之內（如政治權力、經濟權力）還須做一層層必要的權力劃分。祇有這樣一種貫徹上下的分權制度才真正能供給社會自由以最可靠基礎。

現在我們再談談權利制度與個體自由的一般關係。個體自由與權利的關係遠較社會自由與分權制度的關係容易瞭解，而且在一般人的心目中這兩者幾乎便是一回事。我在本書第五章討論自由與平等的關係時，將要涉及自由、平等與人權三個概念的配合與協調，這裡不想多說。這裡所要討論的主要祇有兩點：一是個體自由與人權之間的真正關係如何，一是權利制度何以為實現個體自由所必需。我首先要辨明的是：自由與人權雖然在現實社會上常常交織在一起，甚至在某些方面還是合一的（identical），但它們絕非一個東西——無論就起源上說或內包外延上說都是如此。人權的概念最初是從希臘羅馬時代的自然法（natural law）觀念發生出來的。斯多伊克派（Stoics）即從此觀念中推衍自然狀態與天賦人權的思想。由此可見人權觀念確有其獨特的起源，不能與自由混為一談，儘管它們的關係仍然是密切的。在近代民主社會中，個體自由在某些方面確可以解釋為個人的權利；不過這僅能說明它們在實踐中的某種程度上的結合。如果我們據此而肯定這二者是一個東西，一方面固然抹殺了人權思想的歷史發展；另一方面也過於狹隘化了自由的內涵。那麼自由與人權在近代社會中究竟存在著一種什麼關係呢？我們的看法是：人權是自由制度化以後的具體表現；而自由也必須通過人權制度的建立才能實現於社會並自覺地為個體所享有。從這一點看，它們的關係有些近似道德與法律的關係：道德的範圍遠較法律為廣，法律主要是依據道德的，但若不經過法律這一制度化的過程，社會上恐怕連最起碼的道德標準也保持不住了！我們不能因為道德與法律在社會實踐的某些方面的一致而認為它們是一個東西，因此我們也不能根據某些社會實踐中的合一性而肯定自由即人權或人權即自由。自由是一種理想，一種抽象的原則；人權則比較落實與具體，可以明白地一項一項地開列出來。僅僅是社會自由已經不是人權所能完全實現的了，何況自由還包括著精神自由的部分呢？瞭解了自由與人權的這種種關係之後，人權制度如何是自由實現的條件與保障一點也就不煩多說了。我在第一章裡已指出中國並不缺乏自由的觀念，祇是沒有在社會中實現而已！何以故呢？現在我們已找到了明確的答案：我們的自由觀念沒有人權制度作基礎，因此從未發生過實際的意義。今後我們若想在中國土地上建立起民主自由的社會，顯然得從建立人權制度著手。離開了人權制度，不僅真正的社會自由永無實現的可能，而且舊有的「鬆弛社會組織與不完備的統治技術所遺留下來的空隙」，也隨時有喪失的危險。今天中共在大陸上的一切剝奪人民自由的作為都可以為這一點作證明。

迄現在止，我在上面所討論的社會自由及其實現，都是偏重於個體自由的。這很可能給讀者們一個誤會，以為我仍然和極端的個人主義者一樣，把社會自由的範圍死死地局限於個人自由之內。因此我願意在最後這一節中，探討個人自由以外的社會自由。

雖然群體是由無數個人共同構成的，但是群體本身依然是一種超越個人的客觀存在。而且從我們上面所反覆討論的如何在社會關係中覓取個體自由的事實來看，社會自由也顯然應涵攝著群體自由的意義。過去我們所謂群體自由大抵是指著民族國家不受他國侵略與壓迫的自由；這種自由祇存在於國家民族的危難之秋，平時似乎用不上。因之，它的意義是外在的與消極的。其實社會群體還應具一種內在的積極自由，這是隨時隨地都存在的，而且它的存在還是國家民族不受他人侵犯的根本保證，也是個體自由得以適當地進展的先決條件。在這裡，我是指著社會結構的自由而言的。這是一個新的社會自由的概念，一向沒有人明白地提出過。近代民主制度，在極端制度的對照之下，特別顯出一種「長於處常短於應變」的重大缺點。這缺點使得今天民主國家在與極權政體鬥爭中處處後人一步。何以會如此呢？因為傳統的民主社會雖然在保障個體自由方面有了重大的成就，而在如何求改社會結構本身的自由方面卻很少進展。直到最近幾十年，英、美各國才逐漸注意到這一方面自由的重要性。關於此點，我們必須與前面所討論的分權制度連結起來。近代民主社會的分權制度產生了一種不自覺的弊病：政治、經濟、文化等各種權力的分端發展過於孤立與分散，以致缺乏一種共同精神來維持它們之間的協調與相互照應。因此當經濟方面的資本主義過度發展之際，民主政治竟未能及時加以補救，終至造成社會結構的內在衝突，為極權主義的興起盡了開路之功。

所謂社會結構的自由，意思是說社會有著內在的調和，政治、經濟、文化各種力量是均衡發展的，不至於有畸形現象發生，使此社會陷於半身不遂的癱瘓狀態。換言之，即社會結構的本身配搭得很和諧，可以隨時隨地做靈活的運用。但是這種社會結構的自由與極權制度下的萬能政府是不能相提並論的，儘管它在運用靈活上足以抗衡極權制度。它二者的根本差異在於：前者是分權的，而後者則是集權的。因此，前者對外可以保衛國家民族的自由不受損害，對內可以防止任何一部分內在力量（如過去的資本主義）破壞整個社會諧和性，並在這種基礎上促進個體自由的適當發展；而後者恰恰相反：它對外不是侵略便是屈辱（此依國力強弱而決定），對內則不惜用一切方法剝奪個體的自由。此一社會結構自由的概念建築在「整體社會」的基礎之上，所謂社會整體，即是說一個社會絕不允許有內在的矛盾與衝突存在，否則此社會必將解體。由於社會是整體性的，所以它必須具備一種更高的統攝力量以指導各方面的分端發展。這一更高的統攝力量便是社會結構的自由。我們深信，民主社會如果要有更遠大的前途必須在這一方面多努力；而我們中國在未來民主自由社會制度的建立時，也不能忽視這一方面自由的重要性。祇有如此，我們才不會重蹈西方的覆轍，才可以真正在文化上「迎頭趕上」他人！

第三章

平等概念的檢討

在民主的思想所涵攝的許多概念中，平等可以說是被人誤解得最多，涵義最不清晰的一個。尤其是在中國，這一概念在開始傳布過來時便沒有得到介紹者與接受者的嚴肅考慮；到了今天，其流弊所及，我們已經看得很清楚：極權主義在中國的得勢，從某一方面說，也未嘗不是人們誤解平等的真義的結果。但是人們似乎並不能因為錯誤所招致的後果而對錯誤的本身加以反省，因之，平等概念的真正涵義究竟何如，至今依然不曾獲得根本的澄清。我這章便企圖從平等思想的本源處，對這一概念做初步的分析。

平等一詞並非中國思想史上所固有的，最初使用這個名詞的乃是佛家；佛家所說的萬法平等與我們近代瞭解的平等，其涵義完全不同。我們近代所通常使用的平等一詞乃是英文equality的譯名。在西方，平等思想淵源極早，紀元前五世紀希臘悲劇詩人優利庇底斯（Euripedes）已有「人的自然律是平等」（Man's Law of Nature is Equality）的詩句。其後柏拉圖與亞里士多德二氏雖不贊成平等的原則，但他們的著作中討論平等的地方則依然很多。我們頗不難由此窺見平等這一概念在西方思想史上的重要性。大家都知道，西方最早提倡平等理論的是禁慾主義的斯多伊克派；斯多伊克派認為人是生而平等的，因為人具有一種與一切其他動物不同的特性：人是有理性的。人類這一基本的相同點掩蓋了他們之間的一切差異。這便是斯多伊克的平等理論所賴以建立的根本依據。羅馬哲人西思羅（Cicero）也根據「正義的理性」（Right Reason）的永恆法則，肯定人與人之間的平等；至於社會上的種種不平等的事實，在西思羅看來，則都是人為的——是由錯誤、壞習慣，以及虛妄的見解等造成的。這種建築在理性基礎之上的平等觀，和我們早期的儒家思想頗有相似之處。儒家說人人皆可以為堯舜，孟子更強調「惻隱之心，人皆有之」，「羞惡之心，人皆有之」，其意義也都在指出人在某種獨特的內在條件上是平等的。

但無論這些思想家的平等理想如何崇高，它畢竟還是理想，不是現實。平等理想的實際表現最初是在羅馬時代。斯多伊克派的思想影響了羅馬的法律學者，於是平等的理想開始走進了法律的範疇。平等原則為什麼會首先和法律發生聯繫呢？這顯然是與西方哲學中的自然律（law of nature）以及公道（justice）等觀念分不開的。根據這種觀念而順理成章的推論下去，羅馬的法律學者就很容易相信世界上確存在著一套法律原則，在這種法律原則之下，一切人都是平等的。正當平等的光輝射入羅馬法律學者的心靈深處的時候，西方社會上又興起了另一種新的平等理想，那便是基督教的平等觀。基督教告訴我們：全人類都是一個父親的兒女，因之他們彼此之間自然也就是平等的。基督教的平等發揮到了極致便是博愛（fraternity），或如子夏所說的「四海之內，皆兄弟也」（brotherhood of mankind）。但是這種平等祇是精神上的，社會的不平等並不因此而全被否定：在上帝面前，奴隸和主人可以是平等的弟兄；可是回到現實中來，奴隸依然是奴隸。

歐洲中古時代的社會狀況簡直是對於古代的平等理想的一種極尖銳的諷刺。封建的社會體制固然是不平等高度表現，而教會之內的森嚴的教階制度（hierarchy）也顯然違反了基督教原始的平等精神。在此漫長而黑暗的歷史進程中，平等理想曾未能獲得新的進展；直到文藝復興、宗教革命以後，我們才看到古代平等觀念的復活與發揚。宗教革命是一種反抗權威的運動，同時也是反抗特權與不平等的運動。它強調個人的理性與良知，因之，自然便回到了古代的人在內在理性上都是平等的舊原則上去了。自此以降，倡導平等理論者遂代有其人，而大抵都相信人是生而平等的說法。霍布斯在其名著《巨靈論》的第十三章中曾認為人在體力與腦力兩方面都是很平等的，縱使有差異乎其間也是微不足道。所以人類的自然平等並不是一種權利，而毋寧是一種事實。洛克的平等觀便比霍布斯激進得多；他一方面肯定人在自然狀態中的自由與平等，另一方面卻根據這種自然的平等更進一步地要求人類在社會上的平等，他在*Two Treatises of Civil Government*一書中曾說：「如上所述，人既是生而自由、平等與獨立的，那麼如果不經過他自己的同意，任何人的這種境界也不能被剝奪，而隸屬於另一政治的權力之下。」法哲盧梭雖然在其《社約論》（*Social Contract*）中開宗明義便說：「人是生而自由的，但他卻到處都在鎖鏈之中。」然而盧梭所最為尊崇的，據羅素的分析，並不是自由，而是平等。（見羅素*History of Western Philosophy*的十九章）為了保持平等的存在，他甚至不惜犧牲自由。在他另一篇著名的論文——《論不平等的起源》（*Discourse on the Origin of Inequality*）中，盧梭復強調人類在自然狀態中是平等的；而社會上所存在的種種不平等則是文明進步的結果。他說得很有趣：「人性本來是善的，是制度使人變壞了。」

平等的理想，經過近代思想家這一番發揮，終於普遍地在人們的心頭激起了「人是生而平等的」意識。當然，促成近代平等觀念的興起的，並不止於思想家在理論上的努力；宗教革命與民族國家的凝成都曾在事實上助長了平等觀念的發展。民族國家的凝成首先離不開法律制度的支持，於是統一的國家性的法律遂得逐漸代替混亂的封建法律。這樣，人民一天一天地變成了國王面前的平等屬民；而同時，也日益取得了法律面前的平等身分。羅馬時代的法律平等的觀念終於再度成為人類的崇高的理想。到了美、法革命時代，平等已被人們看作是天賦人權的一種：美國的《獨立宣言》與法國的《人權宣言》都曾明白地宣布了這一點。可是奇怪得很，儘管平等的理想曾經為人們所珍貴，但從近代史的全程上著眼，最初對人類具有最大的號召力的卻不是平等，而是自由。法國革命中的三個口號——自由、平等、博愛——絕不會出於一種偶然的排列，而實說明了一種一定的次序。分開來看，平等的確也是近代人所追求的重要目標之一；然而當我們把平等的概念配合到民主理想的全景中去觀察的時候，特別是在自由的概念對照之下，它顯然是被我們過分忽視了。這一忽視最初似乎並不嚴重的，但逐漸的，到了十九世紀中葉以後，它卻藉著經濟平等的要求而爆發為一種最嚴重的時代問題——一個至今還沒有獲得完滿解決的問題。

布萊士（James Bryce）在其名著《近代民主》（*Modern Democracies*）中曾說：「平等的概念乃是產生民主理論的最主要的因素，而民主制度所犯的錯誤，也一半由於人們對此一觀念的誤解而起。」是的，我們的確一直在誤解著平等。並且，我們對平等的誤解還不止一端；而是多方面的。因之，如果我們要認清它的廬山真面目，首先便不能不從反面工夫做起，把蒙在平等真義上面的誤解的外衣一層層地剝去。這樣，剝析到最後，我們自然便會接觸到問題的核心了。

還是讓我們從問題本源處開始我們的分析吧！今天我們一提到平等兩個字，我們的腦海中本能地便浮起了「人是生而平等」的這句名言。人究竟是不是生而平等的呢？這個問題不能就這樣讓傳統的信仰給我們決定，我們還得通過自己的理性來思考一番。「人是生而平等的」，這句話本身的涵義便很含混；這裡所謂的平等是指著什麼而言的呢？是智力的平等嗎？是體力的平等嗎？是性格的一致嗎？我想，對於這些問題，無論我們怎樣愛好平等，也無法作肯定的答案的。人類在未進入文明社會以前的自然狀態究竟如何，我們並不能知道得很清楚。近代思想家如霍布斯、盧梭之流，把自然狀態描繪成一幅自由而平等的樂園，其實完全是出於臆想，因之，他們所強調的自然平等也顯然缺乏堅強的根據。早在十七世紀時，費爾默已認為人類最初並不是平等相處的；根據他在當時的人類學的研究，他得出結論說：「人類社會像其他動物一樣，是自然的，可是也是自然不平等的。」及至達爾文的進化論出，強調同類中分子的先天差異的事實，自然平等的說法更顯得立足不牢，搖搖欲墜了。如果我們一定要說人是生而平等的，那麼我們便祇有回到斯多伊克的平等原則上去：在理性面前的平等；或者如西思羅所說的，人都有分辨善惡是非的能力，因之也就是平等的。然而我們試作更深一層的推想，即使人類這一點自然平等獲得了肯定，它又能否成為我們要求社會平等的充分的理由呢？這其間顯然不存在任何邏輯關係。所以分析到最後，我們殊不難看出：「人是生而平等的」這句名言雖足以、而且也確曾激發我們的革命熱情，鼓舞我們的追求平等理想的意志，但在理性的面前它卻是經不起考驗的。而事實上我竟發現，我們通常所謂「人是生而平等的」，其本意實在是說：人在社會上應該是平等的。美國《獨立宣言》開宗明義便說：「全人類都是生而平等的，他們具有天賦不可奪的權利。」法國《人權宣言》也同樣宣稱道：「在權利上，人是生而自由並且平等的。」一七九三年的法國憲法復肯定「所有人都是生而平等的，並且在法律面前也是平等的」的信念。因此《古代法律》（*Ancient Law*）的著者梅茵（Sir Henry Maine）才明白地指出：當羅馬法律學者說「是平等的」時，他們的真正意思也確是說：「人是平等的」。但近代民法學者所謂的「凡人都是平等的」，其真意卻是說：「凡人應該是平等的。」

對於自然平等的分析很自然的使我們的討論進入了社會平等的範疇。但平等的概念一旦運用到社會上來，問題的性質也就更加複雜化了。關於人在社會上應該是平等的一點，我相信在原則上今天已經沒有人會加以反對。然而人們究當求取怎樣一種社會的平等呢？這裡卻發生了深刻的分歧。在未涉及這些分歧之前，有一個基本的觀念我們必須弄清楚。那就是平等並不必然是屬於民主的範疇之內的。我們對於平等概念的瞭解通常總是通過近代民主的觀點的。誠然，平等在近代確是民主的基本概念之一，但我們並不能忘記，平等的理想與實際都有其獨特的古遠起源，英人湯姆遜在一九四九年所寫的一本《平等》中便曾告訴我們：「人類平等理想……在起源上是與天賦人權及自然律的觀念分不開的，是人與自然及上帝的一般哲學中固有的一部分。……作為一個可行的理想，遠在我們今日所瞭解的民主理想尚未出現之前，平等便早已存在於歐洲文明之中了。」同時，黎奇（D. G. Ritchie）在他的《天賦人權》（*Natural Rights*）裡復給我們揭發了一項重要的史實：「平等的理想是古代社會不平等的遺傳；它是一個貴族思想——這個貴族制度或階級，在某些方面，為了某些目的，相互承認彼此的平等，而同時他們比國內其餘的人或其餘的人類為優越。平等概念是從特權的概念中生長出來的。」從古代起源上說，平等理想的獨立性是比較容易獲得我們的承認的；然而在近代平等與民主之間的複雜關係卻使我們感到相當的困惑。據我個人的瞭解，平等在近代所發生的歧義遠較古代為多。我們如果認真地加以分析，則近代的平等理論至少應該分為兩大系統：一是民主體系中的平等思想，另一是非民主體系中的平等觀念。現在讓我試著分別地加以討論。

為了使問題清晰起見，第一步我們且從非民主體系中的平等觀念說起。因為祇有把一個觀念所派生的種種歧義清除之後。我們才能像撥雲霧而見青天一樣地看清此觀念的本質。近代非民主那一系列的平等思想我們可以稱之為絕對的、機械的平等觀。它有時表現為平等主義的平等，有時則表現為「均平」（levelling）的平等；但無論它穿著什麼外衣出現，它的絕對而機械的特質卻並不因之而消失。所謂絕對而機械的平等意思就是說，平等是一種超越一切其他理想的絕對價值；而同時，它又是否定一切人與人之間的差異（自然的與社會的），並用不同一的整齊劃一的方式來對待一切不同的個體的。這樣一種平等的理想在近代歷史上曾激起了一系列的著名的革命運動，如十七世紀中葉英國的均平主義者（Levellers），十八世紀末法國的巴貝甫主義者（Babeuvists，按：即Babeuf所領導的革命派），以及一部分社會主義者皆是。這些運動發生的時間、空間，以及歷史背景雖然各異，但其間卻存在著一種最根本相同的地方，那就是他們都是以「經濟平等」為基本的理論根據的。因此湯姆遜告訴我們：「平等主義已廣泛地與經濟平等的要求相關聯著，而經濟平等的要求又接著與共產主義和社會主義的運動聯繫起來。」在這裡，經濟平等即使不是平等之全，至少也被看作是一切其他平等的基礎。離開了經濟平等便沒有真平等以至真自由可言，已經成為一種很流行的觀念。而經濟平等這一概念的本身卻又不曾獲得人們的嚴肅考慮，因之，它的涵義也顯得非常含混。儘管各種經濟平等的理論之間也存在著分歧，可是它們的最終極的理想卻是一致的：消滅人們在財富上的差異。毫無問題，這是一種絕對的平等。這種平等理論基本上假定了一種社會觀，那就是經濟是社會的最真實的基礎。

關於這一點，近來批評唯物史觀者已說得很多，不必費詞。這裡讓我們對此機械而絕對的平等理論的本身加以分析，看它是否可以成立。前面我已指出，人並不是生而平等的，反之，倒毋寧是生而不平等的。在自然的不平等的基本之上要求物質的（主要亦是自然的）絕對平等根本便是一種自相矛盾。實際上，我們也很難想像有一種絕對的物質平等的存在；孟子在反對許行的經濟平等主義時曾說過幾句很有意義的話，他說：「夫物之不齊，物之情也，或相倍蓰，或相什百，或相千萬，子比而同之，是亂天下也！」平等顯然是對許多個體說的，而個體則必然是各異的，也就是具有使其成為個體的個性。同時，這種具有獨立性的個體又是不斷發展的。試想在這種種情形之下，許多不同的個體怎麼會自然地變成絕對的平等或完全的相同呢？如果自然的發展不能獲致絕對的平等，那麼剩下來的便祇有採取強制的方式一條路了。但是誰來執行這種強制呢？基督教抬出了上帝，上帝超越人類而高高在上，因之，可以齊萬物，使一切不平等皆化為烏有。這種絕對平等在宗教上雖可以說得通，而且也無甚害處，可是到了現實社會上卻發生了嚴重的問題。近代的均平主義者並不相信有上帝，更無意將社會的不平等交給上帝去發落。他們要訴諸社會的方法。在社會上許多個體之間誰配取上帝的地位而代之呢？這問題一直困惑著他們；使得他們的崇高理想失去了空間的憑藉。這一派人便是被馬克思、恩格斯譏為烏托邦社會主義者的。絕對而機械的平等理論在這裡實已達到了它的自我否定。可是這套理論並不曾因為進了死巷而毅然回頭，反之，它的精神在一種新形態之下復有了更進一步的發展，那便是極權的共產主義。

共產主義者看清了烏托邦主義者的缺點所在，於是他們從現存社會的不平等的階級關係中找出了一種解決之道。他們已不像烏托邦主義那樣死心眼把人與人之間的平等看作是絕對的，不能絲毫改變的了。他們認為第一步先得將現存的不平等的階級關係顛倒過來，讓無產階級（通過共產黨）成為社會上的最高的主宰力量；其他的人則都在這一人世的上帝面前成為絕對平等的屬民，這與過去人民在王權面前的隸屬的平等在性質上正無殊異。「如西方的君權神授說與中國的帝王受命於天說（天子）都是借超越人世的上帝的權威以凌駕於人民之上的，由此可見他們對於平等的原則仍抱著幾分尊重的」態度，這顯然比今天的極權主義者還要高出一籌。他們稱此為歷史的辯證的發展法則。這種歷史法則是否正確，我們且不去理會；值得注意的是，這樣一來，此一平等理論的本身卻隨之破產了。

首先我們知道，階級關係的顛倒，其不平等的狀態依然一樣。復次，把社會上一部分人提高到絕對統治的地位，無論是根據什麼理論，都是對於平等原則的根本否定。儘管共產黨人仍高懸著無階級的平等社會的旗幟，然而在現實社會中他們則已斷然地邁向更嚴厲的不平等之路，並公開宣布放棄平等主義的原則了。蘇俄於一度實驗絕對平等失敗之後，其社會不平等的程度竟超過了資本主義的國家。因之，蘇俄人民不僅失去了自由，而同時也失去了平等；如果我們一定要說蘇俄社會中還存在著平等，這種平等最多也不過是奴隸在主人面前的平等而已。民主理論家潘恩（Thomas Paine）在其《人權》（*Rights of Man*）的名著中早就看到了這種平等主義的危險，他及時地警告我們說：「我們曾聽到人們把『人權』稱之為『均平』的制度。但是真正用得上『均平』這個字的唯一制度乃是世襲的君主專制。」可是在當時誰會相信這種錯誤的平等觀竟會導致新專制主義（極權主義）的產生呢？到了我們這個時代，絕對而機械的平等主義便不再為民主主義者所稱道了，人們開始瞭解：「若不把平等推展到絕對平等或一致的程度時，它仍不失為一個積極而可行的政治理想。……絕對而抽象的平等，如果能夠實現，甚或太認真地求其實現的話，都會像絕對自由一樣的，將陷文化和文明於毀滅。」（湯姆遜，《平等》）

我已說了不少關於近代非民主系列的平等的理論與實際的話；現在讓我們反過來對民主體系中的平等觀念加以檢討。近代民主的平等理想，遠承羅馬以降的正統理論而來的，其中心觀念祇有一點：法律面前人人平等。近代民主理論最初肯定了人具有某些與生俱來的自然權利；在這些權利上，全人類完全是平等的。法律的功能便在於保障這種天賦的人權。所以，歸根結底，近代的法律平等實際上和古羅馬時代的觀念已迥然有別；它實已涵攝了天賦人權的思想在內。可是正如「人是生而平等的」觀念一樣，天賦人權的說法同樣是虛妄。歷史已告訴我們：人權並不是天賦的，而是人們自己奮鬥得來的。人權需要靠法律的保障，而法律的本身卻又不是一種具體的存在，而是一種抽象的原則；不是一種積極的行動，而是一種消極的規範。因之，它就不能保障每一個人必然可以獲得同樣的權利，那就是說，它並不能真正保障人們在權利上的平等。舉例言之，在近代人權觀念中，財產曾經是最重要的內容之一。但法律則祇能維護人們既得的私有財產不受侵犯，卻無從使每一個人都得到財產。這樣，所謂在法律面前人人平等，實質上便很少意義可言了。我說這話，意思當然不是像共產黨人那樣，認為法律平等是資產階級的護身符。反之，法律平等確是最近代一連串的民主革命的輝煌成就之一；我的主要意思祇是說，僅僅是法律平等並不足以盡民主的平等精神的充分發揮。孔子在兩千多年前曾說過一段很深刻的話，這段話很可以用來批判近代法律平等的根本缺點。《論語．為政篇》有云：「道之以政，齊之以刑，民免而無恥；道之以德，齊之以禮，有恥且格。」這裡所謂「齊之以刑」便正是法律平等的中國古義。我們儘可以不同意孔子「道之以德，齊之以禮」的理論，也不妨把「德」和「禮」的內容加以現代化；然而我們卻不能不承認，孔子的看法在比較上要深入得多，也根本得多。近代法律平等的確是不根本，不實際，同時也是不充分的。

也許有人會說，平等不能同時作多端的發展，它必須從法律範疇中逐漸向其他方面移植。從近代歷史的趨勢上看，這種說法似乎也不無根據。但如果我們肯進一層加以推究，則平等精神最初出現在法律方面實是歷史的偶然，而非必然。平等既和自由一樣同是民主的基本精神之一，照理它也應該在一開始時便光輝四射，照遍人間的。因之，它之所以局促於一隅，顯然不能不使人懷疑到近代平等的根本精神有值得我們予以重新考慮的地方。關於近代平等的缺點，我在上面的反覆討論中已無形地指點了出來。我們最初是忽視了平等在整個民主理想中所應有的地位；由於這一忽視，終於產生了兩種相反的後果：一是前面所說的那種機械而絕對的平等主義的平等；另一則是剛剛分析過的那種法律面前人人平等的狹隘的平等觀念。這二者恰恰一是過之，一是不及。但我們不能忘記，這兩種極端相反的平等卻都導源於同一原因：平等精神在民主體系中沒有得到適當的安排，因之，也就未能和其他的民主觀念，尤其是自由獲致協調。美國民主理論家瓊斯在其一九四五年所寫的 *Towards Democratic New Order* 一書中說道：「即使作為一種理想，平等也被人們看作是爭辯較多的問題，當然它的實現是更難了。以平等為一種有效的理想的說法，事實上不能不有若干保留。人們通常都認為平等與自由之間存在著一種主要矛盾。而人們對有一點意見尤其一致；那就是說，根據某種解釋，或許祇有在『法律面前的平等』的意義上，平等才是民主信仰中所固有的一部分。」瓊斯這一番話不僅可以佐證我在上面關於近代民主系統中的平等觀念的分析，並且還指示了平等與自由相衝突的思想在近代是如何的普遍。因之，我們必須進而解開這兩大民主的基本概念之間的糾結，而後我們對平等的真義始能有更真切的認識；而同時，也可以對於民主理想在近代史上所表現的曲折的發展歷程有一比較會通的瞭解。

自由與平等的關係究竟怎樣呢？這裡我們得從頭檢討一番。首先我們承認，自由與平等同是屬於民主範疇之內時，因而也都不是絕對的價值。當然，這並不是說，沒有絕對的自由與平等；但絕對的自由與平等卻不是民主的；不但不是民主的，而且還是反民主的。我們前面已分析過，絕對的平等乃是近代極權主義的一部分根源，最後還必然會發展到否定平等原則的境地。同樣地，絕對的自由也是促使近代資本主義畸形發展的根本因素之一，而終於削減了整個社會的自由的總量，使自由的光輝日趨黯淡。因之，自出與平等如果成為絕對的事體時，這二者確是相衝突的、對立的。不僅此也，絕對的自由與平等和民主的自由與平等之間也是永遠矛盾的。瓊斯說得好：「自由與平等是不是相互排斥與矛盾的，顯然得由人們對這兩個名詞的解釋來決定。我們已指出，自由與平等的概念的任何正確解釋，不但遠非衝突的，而且是互相補充的。」湯姆遜也說：「不獨自由可以為平等之補充，同時任何一種形態的平等也都可以為每一種其他形式的平等之補充。祇有物質平等而沒有對精神平等的尊重便會走入專制的陷阱。」又說：「那種要犧牲政治自由或政治平等才能獲致的經濟平等，並不是在民主範疇內所能獲致的；而那種要否定社會平等與政治平等的經濟自由，在民主社會中也需要重新考慮並予以限制。」這話對於近代文明真可以說是一針見血之論。自由與平等之所以一向被我們看作是兩個相互衝突、不可得兼的理想，主要還是因為我們在觀念上把它們絕對化了。如果我們透過民主的角度去理解它們，則這二者必然會是協調的。何以故呢？我們若要從正面答覆這個問題無疑要費很長的話，而且還不易為人們所瞭解。但是從反面看，理由卻極其簡單、實際，而又清晰；那就是自由如果失去了平等的限制與平衡，便會走上絕對的自由主義之路；反之，平等如果失去了自由的限制與平衡，也同樣會走上絕對的平等主義之路，近代歷史的發展實已證明了這一點。大家都知道，早期經濟上無限制的自由放任主義使得剛剛從身分不平等中解放出來的西方封建社會，復走向新的財富不平等的資本主義社會中去。而後期社會主義者在經濟平等的要求之下所激起的極權運動，卻又要重新剝奪人民在反專制的民主革命中所爭取到的政治文化自由。近百餘年來，民主一直都處在驚濤駭浪之中，隨時有覆舟的危險。但民主的危機雖多表現在經濟方面，問題的癥結則顯然深藏在近代文明精神之中。我們不能想像平等衹是一個經濟問題，正如我們無從相信平等衹是一個法律問題一樣。事實上，經濟不平等與政治不自由都非孤立的存在，而是彼此影響著的；不過某一方面表現得特別顯著而已。經濟過度的不平等，政治文化固然不會有充分的自由；政治文化太自由了，則經濟平等也祇能是一句騙人的空話。如果我們不願意像唯物史觀者那樣短視，從純經濟的觀點上去解釋近代史的曲線發展，那麼我們便不能不承認民主的危機實是由於它的內在精神的不健全所致。所謂民主精神的不健全，意思就是說自由與平等這兩大理想未能在民主體系中求得協調。最初我們過分注重了自由，稍後則矯枉過正而過分強調了平等。我們根本不瞭解，犧牲了自由的平等或犧牲了平等的自由同樣是沒有民主意義可言的。因此，歷來的社會主義思想家從摩爾（Sir Thomas Moore）以至馬克思，固然都是從經濟平等的觀點上批判傳統的民主體制；而十九世紀以降的民主理論家從吐克威爾（Tocqueville）到哈耶克（Friedrich August von Hayek）也祇是站在政治文化自由的立場上反對社會主義的。這種蔽於一曲而闇於大理的做法使得雙方各走極端；而自由與平等在民主系統中的調和與發展亦竟因之受到了阻礙。

然則自由與平等到底該取得怎樣一種平衡呢？我自己一時還不能有具體的答案。不過可以說的是：這二者必須是有機的配合與融滙，而無從做機械的加或減。自由所根據的乃是人的不同的、也就是個人性的那一個；而平等則建築在人的相同的、也就是社會性的基礎之上。而近代民主卻正是要在社會與個人之間覓取一種最恰到好處的協調。難道這還不足以說明自由與平等兩大理想是似相反而實相成的嗎？白恩斯（C. Delisle Burns）在他的*Political Ideals*中說得最好：「作為一種觀念，民主不是一個相同人的社會，而是一個平等人的社會，意思是說每一個人都是全體中完整而不可代替的一部分。因為雖然每一個人的貢獻在價值上並不平等，但每一個有貢獻的人卻都同樣是共同生活所由產生的泉源。」因之，從民主的角度上看，不僅真正的自由包括了平等的原則，真正的平等也同樣涵攝了自由的意義。所以陶奈（R. H. Tawney）教授在其*Equality*名著裡，對於平等的討論獲得下面一段精彩的結論：「人類的天賦才能原有很深刻的區別，而文明社會的特徵則是首在消滅淵源於社會組織本身，而非淵源於個人差異的種種不平等；蓋個人的差異乃是社會能力的泉源，如果社會的不平等實際上得以盡量減少，個人的差異且將更易於成熟並獲得表現。」這也就是說，平等理想的實現倒使得自由力量的發揮更為可能哩！

第四章

平等的社會涵義

在前一章中，我們對平等做了一番純概念性的檢討；現在我們要從社會結構上探討平等的實際涵義。平等之所以成為一種理想，顯然是因為社會上的嚴重的不平等情形的存在。西方有一句老話：「夏娃紡織亞當耕，原始何曾有士紳。」（"When Adam delved and Eve span, who was then the gentleman?"）平等與不平等的問題乃是人類社會形成以後才發生的。儘管在「自然狀態」中已經有智力與體力上的不平等，但是這種不平等卻沒有引起當時人類的自覺意識，因而也就不能在本篇討論的範圍之內。本篇所要談的，正如〈社會自由及其實現〉一篇的主旨一樣，是人類進入文明社會以後所發生的平等與不平等的問題。

早在兩千年前，希臘哲人亞里士多德即已指出不平等乃是革命與禍亂的根源；這一論據復為近代歷史所證實。在美、法革命以來的早期民主運動中，平等的觀念已包含在自由之中，人們爭取自由亦即所以爭取平等。但是由於早期民主革命中人們過於重視自由而比較忽略了平等的地位，多數人民要求平等的願望終不能為自由所滿足，相反地，正因為自由的發展未能平等與取得應有的均衡與協調，這種「自由」最後竟然至於妨害了平等理想的充分實現。於是形形色色以平等為中心的社會主義運動遂應時而生。自由與平等各走極端所發生的惡劣後果，我們已經看得很清楚，毋須詞費，下一章我們論及二者的關係時當另有交代。我在《民主革命論》的第七章（〈論社會革命〉）中曾說：「人們怎樣才算是平等呢？傳統的看法是把這一問題的癥結歸之於社會階級。顯然，即使我們沒有任何歷史與社會知識，顧名思義亦可知階級一詞的本身便涵攝了不平等的意義。」我始終認定階級問題是平等問題的根源所在，前者賦予後者以社會的涵義。

一提到階級，我們就會很自然地聯想到共產黨的階級觀念。共產黨人純粹以經濟因素——生產工具的有無——為劃分階級的標準。從這一觀念出發，他們遂認為祇要社會上有經濟階級的對立（無論其對立的形態為貴族與奴隸、封建主與農奴，或資本家與勞工），則不平等便永遠存在；真正平等的實現，在他們看來，唯有等待他們所玄想的無階級社會（classless society）的降臨。在此一理論中，值得我們注意的是階級劃分究竟能不能完全由經濟因素來決定？如果階級僅僅意味著經濟的差異，而階級又顯然是社會不平等的根源，那麼所謂平等與不平等豈不都應該是經濟性的嗎？但是稍有歷史與社會科學的常識的人都無法承認社會上一切不平等都是經濟不平等這一結論。至少從近代西方社會演進史上看，我們就會發現平等牽涉到法律、宗教、政治、教育、經濟，以至種族等各種範圍，絕不是單一的經濟因素所能夠完全包括得盡的。如果根據時間先後觀察，則近代的平等原則最初表現在法律範疇之內，然後才逐漸及於宗教、政治、教育各方面，而經濟平等成為人們的一種普遍的要求則還是十八世紀以後的事。僅此一點已足夠使有理性的人瞭解唯物史觀的基本錯誤，瞭解經濟因素不能成為劃分社會階級的真正標準。不過為了更深入地認識階級問題的本質，我們不妨多作一點分析工作。階級這個名詞在西方原有兩個字，一個是我們常常見到的英文class，另一個則是法文estate。Class大體上是指經濟的階級，也是共產黨人所習用的名詞；estate的意義則遠比class來得廣泛，它含有社會地位（stand）的意思，不能全以經濟階級視之。過去法國的Estates General

在中文裡雖被譯作「階級會議」或「三級會議」，事實上乃是由具有三種不同的社會地位的人群——僧侶、貴族及第三階層（Third Estate）。如以經濟因素為唯一的標準，則僧侶與貴族兩階層在經濟上的區別甚小，而第三階層中卻包括了在經濟上差異頗大的中產階級與農民階級。由此可見estate的涵義不止於經濟方面。著名經濟學家米塞斯（Ludwig von Mises）在其《社會主義——經濟學與社會學的分析》（*Socialism: An Economic and Sociological Analysis*）一書中曾對階級做過如下一段精闢的論斷：「Estates過去乃是法律的制度，而非經濟決定的事實。每一個人都生在一個estate裡，並且通常是至死都停留於其中。一個人在一生中都具有階層的身分（estate-membership），即某一階層中的一分子的性質。一個人是主人或農民、自由人或奴隸、地主或農奴、貴族或平民，並不由於他在經濟生活中占據了某種地位，而是由於他屬於一定的社會階層（estate）。」（頁三三二）米塞斯這番話極富於啟示作用，解開了由於共產黨人長期宣傳所造成的極端階級論的死結。馬克思在其與恩格斯合著《共產黨宣言》的〈有產者與無產者〉一章，以及在《資本論》第三卷最後一章〈諸階級〉中，都沒有能夠把class與estate兩個不同的階級觀念分開，這實在是一個不可饒恕的錯誤。古諾（Cunow）在其《馬克思的唯物史觀與國家學說》一書裡曾企圖為馬克思作辯護，說他的錯誤在於未能分清此兩觀念的差別，其實古氏的話並不正確。馬克思實在是有意如此曲解階級觀念以牽就他的階級鬥爭論的。

我在《民主革命論》的第七章裡曾經提出了一個新的階級觀點——即主張把社會階級劃分為四個主要範疇：政治的、經濟的、文化的與社會的（指日常生活的狹義社會而言）。站在這樣一個廣泛的基礎上看階級問題，社會平等的實現就遠非一蹴而幾的事，更不能如共產黨所說的用階級鬥爭的方法來消滅階級社會之後，人類便完全平等了。我把社會階級作多元的劃分，目的便在於使人們瞭解到平等問題的複雜性，使人瞭解在class之外還有estate的存在。近代初期，中產階級在經濟上已遠高於沒落的封建領主，但是在法律地位上封建領主則依然高高在上。這一事實是促起近代「法律面前人人平等」的意義的內在根源。契約社會之代替身分社會，可以看作人類社會從不平等到平等的一個最重要的里程碑。因為中古的森嚴而不可逾越的階級制度之被否定，實意味著社會平等的基本障礙已經剷除了。近代社會雖亦有階級之形式，但已無法律地位與社會心理上的嚴重階級鴻溝。中古時代的人，正如米塞斯所指出的，一生下地便注定了他一生的階級身分；但在近代社會裡，這一點已不很嚴格了，階級身分可以根據個別的情形而改變。從這些歷史事實的分析中，我們顯然又可以引申出兩點關於階級本質的探討。第一點是階級的形式是不是構成社會不平等的因素；第二點是隨著第一點而來的，即如果階級形式與不平等並無任何關係，則社會不平等真正根源又在何處？現在我們不妨依次加以檢討。

自人類有記載的歷史以來即有階級形式的存在，因為社會結構的本身便是立體的，包涵了各方面領導的階層在內，否則必成為一平鋪散漫的平面，這也就不成其為社會了！依照一般形成社會的「理」來說，領導與被領導的區別是社會結構所必需的；不過現實的社會卻常常是不合理的，握有領導權的階層，當社會結構本身未能基本上合乎「理」的時候，總不免要利用此種特殊地位來發展它自己的階層利益。這樣一來，應該是領導與被領導的關係在歷史便成為統治與被統治的關係。（按：此所謂形成社會之「理」是指著一種理想的社會構成原則而言的，作者並不承認人類在進入社會之先即已存在著一套先驗〔a priori〕之理，請讀者切勿誤會。）這裡遂產生了階層間的利益、地位……等等不合理的差異。這些差異就是我們所說的社會不平等。我曾說過：「從形式上看，政治上的在朝與在野；經濟上財富的多寡；文化上的知識高低；以及社會上的貴與賤等等差異似乎是自古而然，一成不變的。而這些形式，無論社會如何進步，也都不可能完全消除；那麼，真正平等的社會豈不永遠追求不到了嗎？其實，祇要我們換一個角度來看問題，即從性質上與內容上來觀察，即可知道：外在的不平等並不必然意味著實際的不平等；因此，孫中山先生也以立足點的平等才是真正的社會平等。」（《民主革命論》）社會本身的存在決定了外在階層形式的存在；至少到現在為止我們還無法想像有一種社會制度可以完全消滅這種形式。柏拉圖最早認為一個國家中應該分為三大階級：一、勞動階級，供人們生活需要；二、戰士階級，保衛勞工的生產與國家領土；三、官吏階級，管理社會以提高一般福利。儘管柏氏的階級劃分大有問題，可是我們已不難窺見階級形式確是社會功能分殊所必要的產物。僅從形式上看，古代有貴族與奴隸、中古有封建主與農奴、近代亦有資本家與勞工，階層的形式並未隨著歷史演進而有所改變。但是誰也不能不承認社會是進步了，人類不平等的情形是越來越減少了。這是什麼緣故呢？顯然是由於社會階層的本質已經發生了變化。我們將階級形式的存在與平等的實際進展比較地加以觀察，即可知道階級形式並不是構成社會不平等的真正原因。相反地，由於人們是生而不平等的（參看上一章），與夫社會各部分的功能的差異，不平等的階級形式倒反而是維持真正的實際社會平等所必需的。關於這一點，後面當有更詳細的討論。

那麼社會不平等的根源究竟何在呢？這裡我們接觸到階級形式而產生的階級實質。在實質上，自古迄今的階級區別都不僅僅是形式上的差異，也不祇是社會功能上的分殊；在階級形式之中的確包藏著許多極不合理的不平等的事實。這些事實我們也無法詳細列舉，但大體上可以包括在一個概念之下，那便是我們所熟悉的「特權」（privilege）。我們常看到「階級特權」或「特權階級」（privileged class）之類的名詞；一般地說，特權的確是階級的不平等的產物。哈特斯萊（A. F. Hattersley）在其《民主政治史》（*A Short History of Democracy*）一書中論及法國大革命的社會狀況時曾說道：「什麼是依據民主原則而建立起來的近代民主國家的先決條件呢？那便是推翻『舊制』下的政治與社會制度的一種劇烈變革。自由與自治的理想的主要障礙，並不是專制君主的權力，而是特權的普遍存在。」我們知道，法國革命時所提出的平等口號主要便是針對著當時的階級特權而發的。從社會平等的爭取必須以消滅階級特權為先決條件的事實來看，我們便不難瞭解特權與真正不平等之間的關係了；這兩者可以說是名異而實同的一件事。因此黎奇才對平等與自由的社會起源做了如下一段分析：「平等的理想是古代社會不平等的遺傳；它是個貴族制度或階級在某些方面，為了某些目的，相互承認彼此的平等，而同時他們卻自認為他們比國內其餘的人類為優越。平等的概念是從特權的概念中生長出來的；自由的概念也是如此。這兩個概念都是貴族和奴隸社會的產兒。正是因為與屬民和奴隸相比較，人們才第一次感到他們是平等而自由的……平等的概念似乎是一種貴族情感的結果；它是貴族制度經歷了一個必然的過程——而達成自己的否定。」

根據黎氏的分析，我們不妨進一步做一番歷史觀察。我們通常總是說：奴隸社會比封建社會更不平等，而封建社會的不平等狀態又遠較近代社會為嚴重。在這一陳述中，我們的真正意思乃是說：古代貴族（奴隸主）階級的特權多於中古的封建主；而中古封建主的階級特權又多於近代資產階級。由此可見，我們判斷一個社會是否平等，或不平等究竟到了什麼程度，根本上是以它有無階級特權或特權的多寡來決定的。因之，反過來看，我們可以說，人類平等理想逐漸實現的歷史也就是階級特權不斷被消滅的歷史。因此魯司教授才說：「初期的民主不僅爭取自由，而且還爭取經濟平等，因為它意圖消滅有利於舊的上層封建階級的種種不平等。」而這些不平等魯氏亦稱之為「舊的封建特權」（old feudal privileges）（見《為什麼要民主》）。

所謂特權，歷史地說，乃是少數得勢的階級單獨地享有某些待遇，而多數無權階層的人民則被摒除於外，不得分潤。舉例來說，中古時代的教育便是貴族階層的特權，一般平民絕難有受高等教育的機會。陶奈在其《平等》一書中曾經談到過去英國特權教育的情形，他認為英國的學校或大學都象徵著少數人的特權與多數人的損失。而英國政府的人員——國會、文官、最顯著地位是外交部門——都是從在特權機構受過教育的特權階級人士中補充的。再拿英國的政治特權來說，最初政治主要是控制在貴族之手，稍後中產階級獲得了參政權，十九世紀中葉英國的兩次改革，其目的都在廢除政治特權（如財產、選區、階級之類的限制）。到了一八八四年的第三次改革，工人階級也獲得參政權，英國的政治平等才算大體上獲致了。

從這些具體的特權事例中我們顯然看到了社會平等的實際涵義。既然社會不平等的真實內容乃是階級特權，那麼反過來說，社會平等也就必然和近代人權制度分不開了。何以故呢？因為近代的人權正是與特權相對待的。法國革命的主要目的之一是推翻階級特權，而它的革命宣言則稱作《人權宣言》；個中機括，不難於此窺見。一種權利如果祇能為少數人享有叫做特權，如果人人都能平等地分潤，那便是人權了！所以社會平等總是意味著權利上的平等；離開權利，平等就失去了實際意義。關於這一點，歷來民主理論家均有所發揮，我們且略引一二，以見梗概。瓦爾克《自由的重申》中說：「一個社會中的成員所具有的平等的程度乃是他們所享有的權利的表現；而權利則有賴於國家的性質。除非所有權利都是絕對的，平等才可能是絕對的。理論上，權利的平等可以有兩種形態：一種是權利為每一個個體所有的內在的與共同的性質；一種是所有的人都沒有絲毫權利。」又說：「祇有實際的權利才賦予一個社會中的成員的平等或不平等以實際的意義；也祇有實際的權利才能決定一個國家，在完全混亂與完全專制的兩極間，獲致某種程度的平等時所占據的地位。」瓦氏在該書論及平等時處處與權利相提並論，他幾乎認為平等一詞除了權利的平等的涵義以外，便沒有其他意義可言。英人布朗（Ivor Brown）在其所著《民主的意義》（*The Meaning of Democracy*）一書裡對此也有很好的闡釋：「沒有一個正常的人會認為所有的人都是一模一樣的，因而也就是平等的。但是所有正常的人的確是主張人人平等。當他們如此主張的時候，他們並不是主張能力的平等。他們辯稱，依據民主原則，權力是要從少數人手裡拿出來分散給多數人的，它必須根據平等的原則加以分散。每一個男人或女人都應有一份權利，沒有人該有兩份。用邊沁的話來說：『每一個人祇能算作一個，沒有人可以多於一個。』」

馬基佛在*The Ramparts We Guard*裡則說：「簡言之，民主範圍內有著兩種並行不背的平等。一種是公民權利的平等，包括每一個人都有平等地決定政府的權利。這種權利乃是民主的本質所固有的，也依附於形成民主的結構之中。另一種則是機會的平等（equality of opportunity）。這種平等存在於民主的精神之中，而不僅在於形式。」馬氏的話，於說明了平等與權利的不可分割的關係之外，復把我們引導到近代社會平等的另一重要涵義——機會平等上來了。權利的平等是具體的講法，機會的平等是抽象的講法，實際上這兩者在概念上儘可以分開，在實踐中卻無法孤立。近代人權的內容甚為豐富，而且隨著社會的演進而與日俱增，我們事實上不可能，而且也不必要，一一地列舉出來。僅就美、法兩國的革命宣言中所列出的人權項目來說——其中主要的權利乃是生命、自由、追求幸福、選舉、財產、抵抗侵犯……等項。最近聯合國所宣布的《人權公約》則將人權從政治基礎上擴展至社會、經濟、文化各方面，如社會保險、就業的權利與選擇、勞工組織、義務教育、公共衛生……等等。但是儘管這種權利已經明文規定，對於每一個人都有保障，它們祇是一些社會條件，並不是已經依附在每一個個人的身上。人們若要想實際享有這些權利，還得自己主動地去爭取；一個人雖有選舉與被選舉權，雖有受教育的權利，而不肯參與選舉或不肯讀書，則這些權利對於他依然是無意義的。因之，對於個人來說，絕大多數的權利（當然有些消極性的起碼權利如生命、安全、自由平等不在此列）都祇是一些可能性而已，所以我們也不妨稱之為機會。在這種意義上，我們看到了權利平等與機會平等的一致性。（按：機會平等曾被不少人看作僅僅是經濟範疇內的名詞，這是不完全的；即以十九世紀時法國「敞開賢路」〔La Carrière Ouverte Aux Talents〕與美國的「從木屋到白宮」〔From Log Cabin to White House〕之類的流行口號來說，其涵義便遠非經濟上自由競爭的平等機會所能盡的。）

我們把平等的社會涵義落實到權利平等與機會平等上，問題的討論便具體得多了。我在上一章對平等概念做純理論的分析時，曾指近代流行的機械而絕對的平等觀之錯誤。平等既不是絕對性的，它當然也就不免得有層次上、程度上的差別了。但是我們得承認，一個觀念是否正確不能完全由它的邏輯推理來決定，更重要的是須獲得實際事例的印證。現在我們既然把平等的社會涵義具體地歸結為權利與機會的平等，那麼我們便得進而檢討這類的平等的真實涵義如何，看看是否可以證明平等有程度上的不同的結論。從事實上看，無論是權利或機會，一般地說雖然都是平等的，但卻因社會功能與個人才能的不同而有著具體的差異。瓦爾克認為：「平等永遠不是絕對的，它祇是一個程度的問題，而決定於社會成員在各種不同的程度上所具有的權利。」權利何以必須有程度上的不同呢？瓦氏的解答是：「權利的不平等已涵攝在社會本身的存在之中：因為社會便預先假定了人的不平等。如果所有男男女女在一切方面都是一律平等的話，那麼人類便可以取消社會了。人類的團結已假定了不同的年齡、健康、體力與能力的人們之互相依賴與合作的需要。……不平等的個人的相互依賴與合作決定了任何社會的權利都將是不平等的。每一個社會必須運用其社會成員的各種不同的能力；因此它就必須根據一種衡量高下的社會標準來配合這些不同的能力。若要如此，那便得賦予一部分特別權利給社會承認的能力優越分子；因為對這種優越的承認祇能用這樣的方式出之；那便是給予能力優越者以特別權利，而這些權利則是能力低劣的人們所不能享有的。」瓦氏的原意便是說對於能力較強而所承擔的社會任務較大的人們，社會應該有較多的報酬；這種報酬的具體表現便是權利的多少。此所以一個國家元首與一個普通公務人員的各方面待遇都不能相同，換言之，他們的權利便是不平等的。其實這道理很容易明白：權利是根據義務——社會服務——而產生的；一個人所負的責任愈大，所盡的義務愈多，他的權利當然也愈大。但這還是指著特殊權利與一般權利的差異而言的，實則即使是人人所共同享有的普通權利，也還是隨著個人才智、興趣以及所處的社會地位等等差異而分殊的，同樣是受教育，智與愚所獲得的終極成就便有不同。由此可見，儘管權利的本身完全平等，人們享有此權利的程度依然因人而異。

權利的平等、機會的平等亦復如此。前面已指出權利與機會原有著高度的一致性，瓊斯也告訴我們說：「如果社會是合理的，則人的權利也就是人們可以具有的條件與機會。」瓊氏在《邁向民主的社會》一書論機會平等的一節裡曾說：「不僅適當鼓勵的必要性證明了某些種類的不平等是正當的，而且適宜於某種活動與某類職業的物質與文化條件也無法適用於其他方面。在這一點上，硬性的規則便不能建立起來。很顯然地，高度專門技術的發展與運用所要求的條件是無法使人人都獲致的，甚至我們也不必要為所有的人求取這些條件。」機會平等的差別也很容易瞭解：儘管運用大英博物館的機會是對每一個人都是平等的，但是認真說來也祇有極少數知識分子才能真正把握這個機會。拉斯基在其《政治典範》中也持著同樣的意見，他說：「平等意味著所有的人都可以有適當的機會。所謂適當的機會並不是說原始機緣完全一致的那種機會平等。人們的天賦便絕不是平等的。」

以上的簡略檢討大致已可以證明平等確是一個程度上的問題，不能平等到整齊劃一（uniformity）的地步。可是我們也得注意，過分強調了平等的差異很容易引起人們的另一誤解：以為平等的本身便是不平等。這樣一來我們高談平等理論的結果竟是社會上許多不合理的不平等狀態找到了護身符，那就完全違反我們這一番討論的本意了。因之，我們便不能不對社會上必要的形式的不平等與不合理的實質的不平等加以區別。瓊斯說得好：「收入、財富以及條件的不平等可以繼續存在，同時也可以有著正當的存在理由；問題癥結之所在乃是在民主社會中它們需要有正當的理由。這些不平等的存在必須表現為提高社會福利與增加全體的利益之所需。它們必須與真正的平等相符合。」與真正平等相符合的形式不平等究竟有沒有什麼正當的存在根據呢？這裡我願意從兩方面來對此問題加以解答：一是社會的，社會結構的本身有著高下輕重等之功能之不同，此種功能的不平等便決定了發揮不同的社會功能的人們之間的不平等。激進的平等主義者如馬克思都承認「各盡所能，各取所值」的相對平等的原則，難道我們還有什麼理由可以否定社會功能的不同決定報酬的不平等的理論嗎？另一根據則是個人的，個人的體力、才智、興趣均有差異，誠所謂「人心不同，各如其面」，這些自然的不平等表現到社會上便成為社會功能的不平等，因而具有這些差異的無數個體也就無法得到平等的待遇。社會功能的不同與個人的差異都是絕對的存在，無論社會進步到何種程度，這些不平等的形式都將不可能消滅。從這一方面看，我們可以說以往社會的不合理主要乃在於社會功能與個人才能未能有適當的配合，所以常常充滿著「小人當道」、「賢者不在位」的現象。柏拉圖在其《共和國》中早就提倡按照人的本性來分配工作的理想社會，並認為社會應摒棄身世、財產、地位等外在條件於考慮之外。瓊斯曾根據柏拉圖的觀念為民主社會中的平等界說如下：「民主是一種社會秩序，在這個社會中，人的天賦能力可以獲得適當的安置和自由的發展，而個人亦可得到適合他本性的位置和工作。一切人為的限制，無論是身世或階級財富或經濟的需要都當消除或減少到最低限度。這才是民主社會中平等的真義。」

我們既瞭解了社會形式上的不平等的根源所在，我們便能夠更深入地把握到社會平等的真義。權利平等與機會平等不能祇是一種空洞的口號，社會必須供給每一個個人享有權利與獲致機會的客觀條件。祇有可以實際享用的權利才有價值，也祇有可以真正得到的機會才有意義。佛爾頓（J. S. Fulton）與摩理斯（G. R. Morris）在其合著的*In Defence of Democracy*一書中說過：「法律面前的自由，對於不能為自己辯護與根本無法上法庭的人來說，是很少有利可言的；如果不參加某一特殊的政黨便不能獲得生活的機會，或者如果不可控制的經濟勢力能夠精心地設計一種動人的改革方案，而為大家所擔負不起，因而無法實行時，則所謂投票自由也是毫無用處的。」這番話一針見血地點出了平等的客觀條件的重要性。吐克威爾在其《美國的民主》（*Democracy in America*）的名著中，對於初期美國民主做了全面觀察之後，指出它的特徵乃是「條件的一般平等」。（按：吐氏的話當時是指著經濟條件說的）我想一個真正理想的民主社會，如果要在社會平等方面有真實的成就，則這種成就便必須而且也祇能是「條件的一般平等」。什麼叫做「條件的一般平等」呢？我願意借用馬基佛的話來加以註解：「所有的人都應該盡可能地自由發展他們的能力，而內在的優點（intrinsic merits）也絕不應為不必要的物質障礙或社會差別所扼殺……（這種平等原則）需要供給人們各種社會便利，因而可以使每一個人依據他的能力邁向他自己所選擇的特殊目標。」（見*The Ramparts We Guard*）這種社會制度一旦建立之後，則一方面既能鼓勵個人盡量發揮才能，而另一方面又可以保障所有的人在立足點的平等。

我們承認形式上的社會不平等之必要，但這種承認並不能成為社會特權的存在根據。拉斯基之所以在《政治典範》裡認為平等的第一個涵義便是沒有特權的存在，同時復極力抨擊世襲制度的不合理，其故即在此。可是我們知道，特權在歷史上曾隨著時代的不同而改變：有因血統關係而產生的特權（貴族社會），有因生產關係而產生的特權（資本主義社會）；特權本身儘管隨著社會進步而逐漸減少，但在民主自由的社會制度未能基本建立起來之前，它總是在這種或者那種形態之下存在著。而特權的存在則又意味著社會上依然有不合理的階級制度。我們持此原則衡量今天以消滅階級為號召的共產黨的極權社會，我們竟發現它的階級壁壘是從未有的森嚴，而共產黨統治集團中的每一個分子也都具有無上的特權。這種特權建築在什麼基礎之上呢？首先必須指出，它的確與以往的血統關係或生產關係不同，而是以「同志關係」（comradeship）為根據的。在這種社會裡決定階級成分的已不再是「身世」、「出生」或「財富」，而是「黨籍」了。對於一個共產黨員，社會上所有機會權利之門都永遠敞開的；一個人一旦參加了共產黨，同時也就找到了「進身之階」，因而可以「平步青雲」。但是普通人民，儘管依照「憲法」規定是具有「平等權利」，卻根本沒有發展自己才能的可能。在共產黨統治之下，舊有的一般社會階級的實質與形式的確都逐漸地被消滅了，然而一種更嚴厲的不平等的階級制度卻在新形態下表現了出來，共產黨統治集團的本身與一般人民便是極尖銳地對立的兩大階級；這兩大階級表現在政治上的是刀俎與魚肉的統治關係，表現在經濟上的是僱主勞工的剝削，表現在文化上的是強迫灌輸的「教化」（indoctrination）關係。由此可見，以往一切社會的實質不平等已完全集中地表現在共產黨的新階級形式之中。這是一種絕對極端化的階級制度，是配合整個的極權體制而產生的。如果這種階級制度並不與真正的平等原則相衝突，而且還是形式不平等之所必需，那麼我們便必須肯定一項前提：所有共產黨員都是社會上最優秀的分子，而他們每一個人所發揮的社會功能也都是最符合全體利益的。試問誰（包括共產黨人自己在內）能證明這一前提的正確性呢？

我們略略分析共產社會中平等問題的結果顯然已足夠拆穿他們所一再宣傳的「無階級社會」的平等謊言了。一般人都知道極權社會中沒有自由，其實它也同樣沒有絲毫平等。在極權制度對照之下，我們無疑應該更堅決地相信，真正的平等祇有求之於具有數百年傳統的近代民主自由制度之更進一步的發展。捨此而不顧，不僅新的平等無法求致，已有的平等成就亦將一併失之。傳統的民主自由制度究當如何改進自身以邁向更高的平等境界呢？這問題不是文字所能解答，而必須訴諸行動，我們最多祇能提供一點原則。因此我願意借引陶奈教授在其名著《平等》一書中所說的一段話以為本篇的結束：「一個尊重平等價值的社會將給予不同個人之間的性格與智慧的差異一種高限度，而給予不同群體之間的經濟與社會的差異一種低限度。它在形成其政策與組織時則將設法鼓勵前一種差異而中立化和壓抑後一種差異，同時如果不幸有後一種差異的存在，它也得認為強調後一種差異是庸俗與幼稚的。」

第五章

自由與平等關係的探討

稍稍熟悉歷史的人都會承認近代西方文明中存在著深刻的矛盾；這種矛盾的性質究竟如何，由於每個人的觀點不同，認識因之便無法一致。但這種矛盾的存在卻是不容否認的客觀事實。我在〈平等概念的檢討〉一章中曾指出這種矛盾根本上乃存在於自由與平等之間。我的看法顯然是通過民主觀點而產生的。然而僅僅指出自由與平等之間的矛盾並不能解決任何實際問題；這種說法如果沒有深刻具體的分析作支持，則絕不會比一般人云亦云的陳腔濫調有更多的價值。因為一個問題的提出是在於尋求正確的答案。答案本身儘可以一時摸索不到，獲致答案的線索卻必須包涵在問題之中。本篇的主旨便是要指陳自由與平等之間的矛盾究在何處。作者深信，如果我們真正發掘出這一矛盾的本質，實際上我們便已找到了解開它的線索。關於自由與平等之間矛盾及其調和之道，不僅在中國沒有人曾經加以徹底的研究，就是在西方一般民主理論的著述中也沒有全面地探討過——至少就作者個人所接觸過的書籍就是如此。因此，作者對於此一問題也祇能作初步的提示，以供專家們的參考。

首先我得指出，自由與平等之發生問題，從主觀上看，乃是我們對於這兩個概念認識得不夠正確所致；因為不僅在一般人心中一向有著重自由輕平等的偏向，就是在民主理論家的筆下，平等也常被寫成一個遠較自由為次要的概念。早自十九世紀末葉以來，這種有意識地鄙棄平等的傾向便已表現得很明顯。斯提芬（Sir James Stephen）在一八七三年所發表的《自由、平等、博愛》（*Liberty, Equality, Fraternity*）一書中便攻擊自由、平等、博愛三位一體之說。他以為自由與平等根本無法並存，而社會制度則應建築在自然不平等的基礎之上。他的偏愛是顯而易見的。一八八五年梅茵在《民治政府》（*Popular Government*）一書裡便引用了斯提芬的理論。梅氏著作復廣泛流行於美國，一般保守分子遂深受其影響；他們極力提倡自由重於平等的理論，認為一國福利所賴者但在自由而已。羅威爾（Abbott Lawrence Lowell）在《政論集》（*Essays on Government*, 1889）的導言中便以美國制度是和個體自由與私人權利相吻合的；他祇看到經濟自由的利益，而無睹於它的弊端。對於經濟自由與平等的衝突，他的解決方法很簡單：根本不理會平等的要求。他腦子裡從來不曾有過自由與平等可以互相均衡的觀念。到了二十世紀初，這種偏激的傾向發展的更可怕了，巴特勒（N. M. Butler）的《真假民主》（*True and False Democracy*, 1907）一書將民主社會中的一切美德都歸之於自由，而一切罪惡則須由平等來負責。巴氏並斷章取義地引用阿克頓批評法國革命的理論作他的立論的根據，那就是平等的學說為損害自由的最根本的原因。一九二五年哈德萊（Arthur Twining Hadley）出版了他的講演集——《自由與平等之間的衝突》（*The Conflict Between Liberty and Equality*），重自由輕平等的思想遂達到了最高潮。根據哈氏的理論，平等代表著落伍民族的嚮往；祇有自由才是進步民族的理想。對於當時經濟自由所招致的種種弊害，他的補救方法不但不是使自由與平等調協，而且還是要增加更多的自由。（參看Henry Alonzo Myers, *Are Men Equal?* Chapter V）

　　這種偏激的民主思想現在仍然很占勢力，作者最近看到一位丹麥教授魯司於一九五二年出版的《為什麼要民主》一書，其中便仍然持著同樣的見解。他一則說：「對於民主說，平等並不像自由那樣重要。」再則說：「平等祇是一個次要的和具有依附性的民主觀念。其主要觀念乃是自由，政治的與個人的自由。更有進者，這種自由是每個人都享有的，而民主所要求的平等則是自由的平等（equality in freedom）。但自由本身便是一種目的；平等的要求卻僅具有相對的意義，那就是每個人的自由利益都不應被剝奪。」馬基佛在*The Ramparts We Guard*裡也說過：「從壓迫與剝削中獲得自由的人們並不高舉平等的旗幟。如果人們說他們要自由與平等，那麼他們對自由的要求便在他們對平等的要求上加了一種限制。」這種從政治哲學的角度上所理解的自由與平等的關係自亦有其一部分根據；但通體而論，我覺得把平等的理想一腳踢開，祇抓住一個自由，總不能不說是一種偏見。（我說這話並不是由於打抱不平的情感在作祟，其理由下文有具體的分析。）

我們通常都知道自由與平等之間存在著歧異與衝突；但是這種口頭禪雖然人人會說，真正瞭解其間真義的卻寥寥無幾。因之，我們便不能不對這問題重新加以考慮。首先我願意提醒讀者的記憶；在近代初期的政治思想家的想像中，自由與平等並不是兩個相互排斥，彼此衝突的理想；相反地，它們倒是和諧地共存著的。霍布斯、洛克、盧梭諸人所臆測的自然狀態（state of nature）都是既「自由」又「平等」的。這種臆測固不必是原始社會的真象，可是從這裡我們至少可以瞭解這些思想家的腦海中所存在的自由與平等之間的關係。但是我們同時也當認清，自由與平等儘管在這些思想家的心中初無軒輊之分，而這二者之間的真正關係卻並不能由此確定。因為這些思想家所理解的自由與平等祇是兩個模糊而抽象的觀念；他們並不曾認真地考慮過這二者在實際社會中的具體表現究當如何，至於二者之間的關係更是他們所夢想不到的事了。這裡我們所要討論的根本也不是這些不著邊際的觀念。為什麼呢？理由很簡單：自由與平等，在民主社會中，是有其獨特的範疇與明確的界線的；它們在理論上雖可以抽象，但絕不能抽象到虛無縹緲的程度。離開了現實社會的基礎的自由與平等也許可以滿足某些人的主觀願望，但其缺乏任何實際意義則是可以斷言的。自由與平等如果缺乏實際的意義至少便和民主毫無關係；因之也就失去了討論的價值。

那麼我們究當如何對自由與平等之間的實際關係進行有效的分析呢？作者個人暫時願意從兩方面著手：一是自由與平等的一般社會基礎；一是這二者在近代文明中的具體表現。前者可以落實到群體與個體之間的關係；後者則可以歸結到政治與經濟之間的關係。但作者不是說，自由與平等之間的問題僅止於此，更不是說，群體與個體或政治與經濟，在內涵或在關係上，是和自由平等完全相同的。作者的意思祇是要指出，在目前的情形下，從這兩方面來分析自由與平等之間的關係比較容易有效果而已！

現在讓我們先從群己關係上來分析自由與平等之間的關係。我在〈平等概念的檢討〉一文中曾經說過：「自由所根據的乃是人的不同的、也就是個人性的那一面；而平等則建築在人的相同的、也就是社會性的基礎之上。」對於孤立存在的個人說，他可以有自由或不自由的真實感受，但絕不會發生平等或不平等的問題。平等必須是對一群人說的，是在許多個人的比較之中顯露出來的。一個孤立的個人雖然不受社會的限制，卻避不開更嚴重的自然限制，因而還可能是不自由。這種事實是「社會契約說」所賴以建立的基本依據，也是霍布斯、洛克、盧梭諸人關於人類自然狀態的臆測的註腳。約翰·穆勒在其《群己權界論》中特別注重「社會權威與個人自由之間權界」（limits to the authority of society over the individual）。社會與個人的權界究在何處呢？穆勒氏指出：「主要與個人生命有關的部分屬於個人；而主要與社會休戚相關的部分則屬之於社會。」（見*Utilitarianism, Liberty, and Representative Government*, Everyman's Library本）穆勒之說，一方面因過於偏袒個人，另一方面又強調了社會與個人的對立性，因之並不曾對群己關係有很好的交代。林西（A. D. Lindsay）在該書的〈導論〉中已指出他的缺點：「他看到了，沒有相當程度的國家干涉，自由是不可能存在的；但他對群己權界的劃分卻建基在何者關係社會和何者關係個人的區別之上。這實在是和他的理想不相容的。」林氏並進一步地告訴我們：「真正自由之可能，並不在一個沒有人與人之間的關係的世界裡，而是在一個人與人的關係有合理表現的社會之中。」林氏的話顯然已點破了自由與平等與群己之間的內在關聯，儘管他並沒有明確地提到平等這個概念。而穆勒氏從群己關係講自由之所以流於空泛，也正是因為他祇看到自由而無視於平等，祇注重個人而忽略了社會的緣故。依據穆勒的論斷，社會上便唯有個人自由，而無群體自由；即使表面上承認群體自由之存在，這兩種自由也永遠無法協調，而是在不斷地衝突之中。這樣一來，個人自由遂成為絕對之事。個人自由一旦絕對化了，則不可避免地會形成弱肉強食的局面，有如十九世紀的資本主義的歷史所示例者。這種絕對的個人自由無疑將嚴重地損害到社會上個人與個人之間的平等。同理，如果我們過分強調群體的重要性，而置個人於群體的絕對控制之下，有如近代極權主義者所極力倡導者一樣，那麼即使社會表面上能夠做到整齊劃一的地步，而每一個人的才能的發展則必將受到極度的限制，這樣的社會簡直便是一潭死水，毫無活力與進步可言的。在這裡，我們看到了絕對的平等是怎樣毀滅著自由。社會之所以成為社會必須具有一個共同的旋律來維繫它的全體人群，否則社會便會解體；在此共同旋律前，全社會的人必須是平等的。儘管這種平等在後世人眼中還包含了不平等的成分，但在當時，人們主觀上卻已獲得了相當程度的滿足。亞里士多德說：「那些旨在獲得平等的人是隨時準備叛亂的，如果他們看到他們認為是同等的人卻比他們獲得更多的話。」一點不錯，當多數人在精神與物質上都已有了不平等之感時，這個社會的秩序就很難再維持下去了。另一方面，社會的發展又是永無止境的。社會如何會發展呢？發展是來自相異。從相異的角度上著眼，我們看到了許許多多的個體，因之也就碰到了自由。一個祇有「同」而無「異」的社會不僅不能進步，而且根本便無法存在。魯司在《為什麼要民主》中曾對群己與自由之間的關係有過一番中肯的分析，他說：「我在這裡所解釋的自由概念，我將稱之為物質的自由概念。它意味著強迫（與願望相矛盾的）之普遍消失，並且特別在社會範圍裡，乃意味著那些與個人願望相衝突的社會方面的『要求』之消失。很顯然的，絕對的社會自由是永遠不存在的——由於一切社會生活包涵了許多個人生活的某些聯合——物質自由的自身遂分解為一系列的個人自由，那便是一些特殊的、界線分明的範圍，在這些範圍中社會沒有任何要求可以和個人的願望相衝突。」

我們既明白了群與己和自由平等之間的一般關聯，我們便可以瞭解，西方人之所以特別注重自由其實乃是他們過度尊崇個人的價值的結果，治西史者大都知道，西方文化之表現為群體主義與個體主義的衝突。根據這一觀點來看西洋史，希臘乃是個體主義高漲的時代；中古則是集體主義得勢之秋；直到文藝復興以後個人才再度獲得了解放；而目前集體主義又似乎大有捲土重來之勢。但是客觀史實是一回事，主觀嚮往又是一回事；在絕大多數西方人的心靈深處，個人的價值與尊嚴卻始終是至高無上的，雖在集體主義作統治的時代也沒有例外。季爾克在其《中古時代的政治學說》中便有過如下的觀察：「祇要對中古時學說作浮光掠影的一瞥，便足以使我們瞭解；個體的絕對而不可磨滅的價值之觀念是怎樣的根深蒂固：每一個個體從其永恆的目的地說根本便是神聖而不可毀滅的，即使從其與最高權力的關係上看也是如此，每一個人永不能被社會僅看成一種工具，而必須還是一種目的。——所有這些思想還不祇是有著痕跡，並且多少已清晰地表現了出來。」由此可見西方文化中尊重個人的傳統是如何的深厚。近代西方人之特別著重自由，顯然正是這一傳統的直接延續。就這一點說，西方人的過分強調自由的重要性也實在是無可厚非的事；另一方面我們更可以看出：今天極權主義者要想毀滅西方人這種深厚的文化傳統而代之以集體的生活方式，其希望將是如何渺茫。

現在不妨且把群與己的討論撇在一邊，讓我們再從政治與經濟的關聯上探究自由與平等之間的問題。我們首先都知道，近代政治與經濟之間同樣存在著嚴重的矛盾。其實這二者在過去便一直不曾獲得恰到好處的平衡，不過「於今為烈」而已！

經濟學家尋巴特（W. Sanbart）在他的《現代資本主義》的巨著中曾有一項極大的發現；他指出在資本主義之前，人們是從權力得到財富（權力的財富），而在資本主義之後，人們卻是從財富得到權力（財富的權力）。在這裡我們一方面看到了政治與經濟不平等的長期歷史背景，而另一方面則看到這種不平衡的關係在近代已經顛倒了過來。美國名史家比爾德（Charles A. Beard）在其《政治的經濟基礎》（*The Economic Basis of Politics*）中也指出了這一點。他告訴我們：「亞當斯密和老作家們還是說『政治經濟學』（Political Economy）。大約在十九世紀中葉，這一方面的思想家主要已在考慮建立一套工廠所有者的社會哲學了；而工廠所有者則憎惡每一種干涉他們的『自然權利』的政體。於是『政治經濟學』遂變成『經濟學』了。」在歷史哲學方面，十九世紀的佛利門（Freeman）、西利（Seeley）等還持著濃厚的政治史觀，而馬克思以後經濟史觀卻逐漸得勢，經濟的重要性已凌駕乎政治之上了！杜威認清了這種趨勢，他說：「由於目前所流行的以經濟來解釋一切現象的主張，這種以政治來解釋一切主義似乎成為少數歷史學家的偏激之論。可是形成這種主張的背景和時代，而是近代國家建立起來的時期。現在特別重視經濟因素，未嘗不可以說是由於以前幾乎完全忽略經濟因素所引起的一種理性上的報復。從『政治經濟學』這一名詞上，就可以看出來經濟如何一度被認為是政治的附庸。就以那本拿經濟附屬於政治的觀念加以糾正的名著，亞當斯密的《國家的財富》而論，先不談它的內容，僅僅看書名，就脫不了這個舊傳統的影響。」（《自由與文化》，人生出版社譯本）比爾德與杜威不僅都明白這一歷史變化，並且他們還同樣地偏向經濟因素。比氏的書名固已表明了他的態度（他另寫過一本《美國憲法的經濟解釋》）；而杜威也認為：「不管口頭上怎樣說法，我們有確切不可移的證據，證明經濟因素是整個文化中足以左右政治上的實際變化的一部分。雖然後來流行著一種看法，故意拿經濟與政治之間的關係弄得含糊不清，並且進一步攻擊那些注重經濟因素的人，可是麥迪生（James Madison）同傑佛遜一樣，深深明瞭政治和經濟的關係，以及經濟對民主制度的影響。」（見同書）

我之所以要用冗長的篇幅來探討此一政治與經濟的歷史變化，實是因為它重大地影響到近代自由與平等之間的關係。我們現在試加分析。政治與經濟和自由平等可以有四種不同的排列：政治自由、政治平等、經濟自由、經濟平等；其間關係頗為複雜。這些名詞在表面上看似乎都是民主主義所必須具備的內涵，可是它們之間卻存在著矛盾，有的甚至如冰炭之不相容：政治自由與政治平等是一致的，祇是著重點不同而已；經濟自由與經濟平等幾乎已是絕對的相反了。政治自由與經濟自由之間雖然沒有嚴重的衝突，但由於社會主義者的長期攻擊，已使人感到濃厚的「資產階級民主」的氣味；政治平等與經濟平等便像是各不相干的兩回事。政治平等與經濟自由看來很難協調；而政治自由與經濟平等則竟是處在敵峙的地位。這些表面上的印象是否正確當然是另一件事，可是從這裡我們已不難窺見：自由與平等之間的矛盾乃是通過政治與經濟的實際表現才發生的。其間最為我們爭論不已的乃是政治自由與經濟平等的衝突，這也就是通常所謂的「政治民主」與「經濟民主」的問題。在一般人常識的瞭解中，政治自由最主要的乃是人民選擇政府的自由，其中根本沒有包括經濟平等的原則在內，甚至民主理論家如布萊士、巴塞特（R. Bassett）等在他們研討民主政治的著作中也都把經濟平等的問題摒棄不論。經濟平等基本上則是人民怎樣「各盡所能，各取所值」的問題，但由於資本主義的歷史的示例，經濟的發展如果不加管制，事實上便會造成少數資本家壟斷生產事業而絕大多數人淪於仰人衣食的極端不平等的局面。因之這問題最後遂集中到政治權力如何控制經濟權力這一點上來了。在這裡，政治自由和經濟平等發生了原則上的衝突。社會主義者對此問題所提出的答案是消滅私有財產，由政府來壟斷一切經濟活動。這答案在最初頗能獲得人們的歡迎，可是近代極權制度的出現卻在實事上粉碎了此一美妙動人的理論。政治分權與經濟集權絕不可能共存於同一社會之中。而另一方面，傳統的民主主義者（英、美的自由主義者）則依然堅持經濟平等與民主無關，甚且猶以為政治自由必須和經濟自由相配合。這種各走極端的結果使得自由與平等之間的鴻溝愈來愈深，而問題本身也始終懸而未決！

這種常識的瞭解誠然是真實的，但問題的解決卻遠非此種瞭解所能為力。以上我們所分析的都是關於自由與平等怎樣衝突的一方面，這些分析其實還是很表面的；更深一層看，我們的悲觀與憂慮都是多餘的，自由與平等的協調不但是可能的，而且是必須的。關於這一方面，我們有著更充足的理由：

從問題的本源處看，群體與個體並不是相對立，相衝突的，穆勒氏以為人類的歷史祇是自由與權威的鬥爭史實犯了與馬克思的階級鬥爭說同樣的錯誤。羅素在其一九四九年出版的《權威與個體》（*Authority and the Individual*）一書中便說過：「一個健全而進步的社會需要兼有中央控制與個體和團體的創發力：沒有控制便會陷入混亂，而沒有創發力便會陷於停滯。……大體上說，我們願意靜態的事物由政府來控制，而其他動態的事物則應由個人或團體的創發力來推動。不過如果這種創發力是可能的，而且如果它是要有結果的而不是破壞性的，那麼它便需要適當的制度予以培養；這種制度的衛護則必得是政府功能的一部分。……在我們的複雜世界裡，沒有政府便不可能有成果的創發力，但不幸得很，沒有創發力政府也同樣無法存在。」羅素所理解的群體與個體之間的關係顯然已比穆勒的群己對立觀正確得多，他已看出群與己是一個互相依存的整體。這種正確的群己觀近來似乎已逐漸獲得西方學者的承認，克拉克（John M. Clark）在其*Alternative to Serfdom*（1950）一書中便主張一種均衡社會（balanced society）；他於攻擊了絕對個人主義與絕對集體主義的兩極端錯誤之後，說道：「祇有當群體的生活與福利是存在於它的組成分子的生活與福利之中以及存在於這些分子彼此之間的正確關係之中時，個體才不妨承認群體是高高在上的。同時，也祇有當個體都是社會動物而非自私自利的傢伙時——那就是說當他們彼此考慮到他人的願望與需要，並把自己看作是基本上對行為負責的群體的分子時，群體才能認為它的福利是包涵在它的分子的福利之中，並因而給予這些分子以廣大的範圍去發展他們的個人願望。有了這樣的個體與群體，這兩個相反的概念便不再矛盾而可以連成一個靈活的綜合體了；至於它們之間的衝突最多也不過是一些邊際調節問題的細目而已！」

根據我們對群己關係的新認識，自由與平等之間的衝突也就隨之消解了。因為如果我們把自由與平等看成絕對抽象的觀念，那麼其間便既無所謂衝突，也無所謂協調。但我們所要討論的並不是這樣的抽象觀念，而是這兩大民主概念在實際社會上的配合。在實際社會上，這兩者便必須有所著落。前面已指出，自由導源於個體，平等導源於群體；自由與平等的矛盾主要乃是群體與個體的衝突的結果。因之，當群與己獲致有效配合而成為一個協調的整體時，自由與平等的矛盾基本上便已失去了依據。個體必須具有共同性的一面而後群體的構成方始可能；群體亦必須容納多種不同的個性而後始能有發展、有進步。孔子說：「君子和而不同」；「和而不同」是對群己關係恰到好處的交代。西方人「寓不同於整一」（Variety in Unity）的成語也同樣點破了民主社會的特質。由此推論下去，我們便不難發現：自由雖對個體而言，而個體卻無法離群孤立，因之自由便不能不和平等連在一起；平等雖在群體中顯現，而群體則是無數個體的聚集，因之平等自然也離不開自由。就個體言，我們可以說自由是中心；就群體說，我們便不能不承認平等是基礎。事實上，群體與個體在社會中是無法很清楚地劃分開來的，絕對的個人主義者與絕對的集體主義者在理論上儘可以走極端，在實踐中卻無法不二者兼顧，最多不過是有所偏重而已！同理，自由與平等也必須是一個相互依存的整體。從個體著眼，不僅每一個人都應該享有自由，而且所有的個人都應該享有平等的自由；從群體看，不僅社會應該具有基本的平等，而且這種平等同時還得是自由的平等。孫中山先生曾繪圖說明他的「在立足點要平等，於出頭處求自由」的觀念，其見解的確非常卓越。克拉克也說：「人們在氣質上是大不相同的，而社會也需要歧異。社會需要滿足某些人的要求甚至比它可能滿足全體人的要求更為充分——因為超乎最低限度基礎之上的嚴格平等便不是一個有效的標準了。」「自由的平等，平等的自由」，這才是二者在民主體系內所應該而且必須有的真協調。

從群己關係上解開了自由與平等之間的糾結並找到了二者協調的途徑之後，我們就必須更進一步地試從政治與經濟的關聯上覓取這二者的融會貫通之道。如果我們在這一方面並不能有切切實實的交代，那麼這問題還是懸而未決！

從歷史上觀察，政治與經濟的發展雖然常常不平衡，但二者在性質上並無根本的衝突；相反地，這二者都是任何社會所必然具有的重要部分。因之，這二者之間的一切表面的矛盾也都祇是歷史的偶然，而非必然，是外在的原因通過二者而表現出來的。此理至明，毋須詞費。而且實際社會乃是一個渾然整體的存在，政治、經濟、文化諸面是交互錯雜地打成一片的，根本無法機械地劃分清楚。僅僅根據這種瞭解，我們已不難想像到：如果自由與平等的理想要在社會中實現的話，它們事實上也不可能涇渭分明，而必然是會交織在一起的。但這種說法畢竟太空洞了，不足以使人信服。要說明這一點我們還得拿出更充分而確鑿的證據來！前面我曾指出：在表面上政治與經濟和自由與平等之間可以有四種不同的排列；而在一般人常識的瞭解中，其間還存在著矛盾。其實這種看法很有問題。在真正的民主社會中，這四者必須是同時和諧地存在著的。說到這裡，我們不妨深入一層來檢討這四者之間的關係；政治自由與政治平等實是同一內涵的兩種名稱。為什麼呢？前者是對個人而言的，個人享有選擇政府的權利便是政治自由的中心意義；後者則是對群體而言的，社會上所有的個人都具這種權利不受身分、財產等任何限制，此之謂政治平等。其實真正的民主意義上的經濟自由與經濟平等，其間關係也應該是如此。民主的經濟自由，借用羅斯福的話說，乃是「免於匱乏的自由」（Freedom from Want）；而經濟平等則應該是所有的人都具有此種「免於匱乏的自由」。這樣的經濟自由與經濟平等祇是一種最低限度的基礎；在此基礎之上人們仍可以盡量去追求更多的財富，但是絕不能達到動搖此一最低限度的基礎的程度。過了這種限度的經濟自由便成了少數人的壟斷，這不但危害了經濟平等，同時也使得經濟自由的本身失去了意義。當然，這也不是說人們的經濟活動祇應局限於此一基礎之內，這種機械的經濟平等也是違反民主原則的；它不僅摧毀了經濟自由，並且還使經濟平等的本身變為「奴役的平等」！就我們這裡所瞭解的經濟自由與經濟平等之意義說，它二者固然沒有衝突，而它們與政治自由與政治平等之間的關係也是相輔相成的。一般人之所以一向把這四者看作矛盾重重的，主要是出於誤解，以為經濟自由即是資本主義，經濟平等即是社會主義；復由於深中唯物史觀之毒，又把政治民主當作資本主義的產物，這樣才發生了一連串的錯覺。其實社會主義與在民主意義上的經濟平等固然毫不相干，而資本主義與近代的民主傳統也祇有歷史的關聯，絕非一回事。馬基佛說：「我們知道社會主義以及資本主義的意義，但是社會主義之存在與民主之存在，或資本主義之存在與民主之不存在，其間並無必然關係。」魯司也說：「自由主義政治的根本精神在於契約自由與私產權利。政府的責任僅限於保證私人契約自由的發展不受妨害，以及維護財產和其他基本權利不受侵犯。十九世紀的民主便自然同這些精神聯合了起來，而反對上層階級從事專制王朝的特權中所獲致的種種特權。……但這一歷史的平行發展不應抹殺一種事實；便是民主與自由主義乃是不同的概念，並且也沒有內在的聯繫。」魯氏以為資本主義所有的政治哲學是自由主義而非民主的確頗有卓見。由此可知民主雖有其因時而異的歷史性的一面，卻也有其「百世以俟聖人而不惑」的理想性的一面；盧梭認為「真正的民主是過去所不曾存在過，而將來也永不能實現」，也是指著它的理想性而言的。從這一角度上看，民主乃是一前途無限的永恆發展體。明乎此，我們便可知道，自由與平等這兩大民主理想在理論上原是沒有矛盾可言的；而這二者在近代政治與經濟之間所發生的衝突也祇是歷史過程中的偶然而暫時的現象，而不應解釋為民主本質中所固有的病症。

當然我們也不能由此而得出結論說：「自由與平等在近代政治與經濟之間所表

現的種種矛盾與衝突是無關緊要的，因而可以不加理會。」事實上這些實際的病症如果不及時予以診治，民主的前途顯然是暗淡的，甚至還是危險的。那麼，自由與平等在政治與經濟的範疇內能否獲得更進一步的協調呢？我的答案不但是肯定的，而且我還認為這種協調早在近代民主體制建立之初便已發生了。這種協調是通過什麼而獲致的呢？那便是近代的人權制度。人權觀念雖亦有其獨特的起源，但在近代民主理論中，卻已和自由、平等諸理想打成了一片。在實際社會上，這三者的關係則更為密切：人權與自由（此指民主社會中個人所享有的自由）幾乎已成了同義語；而平等離開了人權也毫無實際意義可言。換句話說，人權乃是個人的社會自由的具體表現，平等則是所有的個人都同樣享有這些基本人權。正如瓦爾克其在《自由的重申》裡所說的：「社會中的分子所具有的平等的程度，將歸功於他們所享有的權利；權利則有賴於該國家的性質而定。祇有當所有權利是絕對平等的時候，才能有絕對的平等。」湯姆遜在他的《平等》一書中說得更清楚：「我們所知道的，西歐、美國，以及英國自治領這種民主國家，究竟是怎樣一回事呢？一言以蔽之，由於它具有一種為法律所維護與政治所保障的種種權利制度，因此各個公民遂得在很大的程度上確然享有法律面前的平等待遇，信仰與教育的自由，以及自由討論與自由選舉的政治權力。有了這些我們所熟悉的權利制度，自由與平等的民主理想便能獲得協調，並且在大體上也還差強人意。」這番話很具體地指出了自由、平等、與人權三者在民主社會中的實際配搭情形。關於這一點近代歷次人權宣言也都曾一再地宣布過，如一七七六年的美國《獨立宣言》說：「我們認為這些是自明的真理：即人們具有若干與生俱來的不可動搖的權利；這些權利便是：生命、自由和追求快樂。」一七八九年法國的《人權宣言》說：「在權利上人是生而自由並且平等的。」一七七三年法國憲法前面的宣言中則說：「這些權利是平等、自由、安全、財產。」一九四八年聯合國的《世界人權宣言》第一條也說：「在尊嚴與權利方面所有人都是生而自由和平等的。」第二條復說：「每一個人都享有本宣言所規定的一切權利與自由，而無任何區別，如種族、顏色、性別、語言、宗教、政治或其他意見，國家或社會來源、財產，出生或其他身分。」僅僅從這些具有歷史重要性的文獻中，我們便可以看出：自由與平等在實際上是如何通過人權制度而獲致協調的了。而且，在人權制度中，不僅自由與平等之間的矛盾消解了，政治與經濟也失去了衝突的根據。因為無論是政治自由或經濟自由在制度化的過程中都已化為一項一項的人權了。誠然，人權的內容最初是偏重在政治、文化方面；但隨著歷史的發展，人民的經濟與社會的權利已在不斷地增進中。因此聯合國的人權宣言遂在傳統個人的政治文化自由的基礎之上，加強了社會的社會保險、就業的權利與選擇、勞工組織、義務教育、公共衛生等許多社會、經濟的權利。當這些社會、經濟的權利逐漸加多而和傳統的政治、文化的權利取得平衡時——或者說，當人民的經濟生活也已通過人權制度而獲致基本的保障時，那麼自由與平等便真的在理論與實際上都達到了協調之境了！

作者在上面已將自由與平等之間的若干基本矛盾或衝突以及求致二者的可能途徑做過一番比較詳細的分析。作者絕不敢說已經解決了這一重大的問題，但作者深信本文確已找到了這一問題的根本癥結所在。最後作者特別願意提出自由與平等在價值上究竟有無軒輕的問題來談一談，藉以結束這篇文字。

作者在本文開始時便曾提出，我們一向有重自由輕平等的傾向。而這種傾向，從西方尊重個人的尊嚴與價值的文化傳統上看，也確有其充分的根據。但時至今日這種偏向已產生了嚴重的流弊，並直接危害著民主的存在與發展；因之，我們便不能不重加檢討。很多人在貶抑平等的價值時常持著一種可笑的論據，那就是說，平等並不必然有價值，因為它可以是奴役的平等；人民可以平等地享有權利，也可以平等地沒有權利。其實任何概念都可以作好與壞的兩種解釋，並不僅平等為然，自由也是一樣：西方人常提到所謂「謀殺的自由」、「盜竊的自由」，羅蘭夫人臨死時也說：「自由，自由！天下多少罪惡假汝之名而行！」這些不也都是自由一詞的貶義嗎？羅素在〈自由是什麼？〉一文中劈頭便說：「自由的種類很多；有的世界上太少了，有的又太多了。但若說我們可以有太多的任何種類的自由，那麼我要接著補充一句，祇有一種自由是我們所不希望的，那便是減少他人自由的自由，如奴役他人的自由即其一例。」事實上我們之不能據「奴役的平等」而否定平等的價值，也正如我們不能據「奴役的自由」而否定自由的價值一樣。其次，人們之默棄平等是由於不瞭解平等有民主的非民主的兩種的緣故；吐克威爾便曾指出：「民主與社會主義祇有一點是共同的：平等。但這也是有區別的；民主從自由中求平等，社會主義則從束縛與奴役中求平等。」由此可見民主的平等不但不會毀滅了自由，而且還可以為自由之補充。也許有人會問：「你說自由與平等淵源於個體與群體，那麼你究竟把哪一個當作最終的目的呢？如果你承認個體重於群體，群體是為個人服務的原則，你能不著重自由嗎？」我的答案很簡單：我相信群與己是一不可分的整體存在，二者互為手段與目的。從個體方面看，我們重自由；從群體方面看，我們又重平等。人們之所以有群己對立的錯覺，顯然是混群體和組織為一談的結果。這是一重大的錯誤；其實群體乃是所有共同生活在同一社會中的個體之總和，其內容還是人。組織（如政府）則是人為的制度，它本身既無所謂自由，亦與平等毫不相干。我們可以說一切社會組織都是個體的工具，為個體服務的；但絕不能說群體也是如此。我們既明白了群體與個體的確切涵義與關係，我們便沒有理由再把平等看作是次於自由的理想。白恩斯在其*Political Ideals*一書中曾給民主下了一個界說：「民主乃是這樣一種社會理想：其中每一個人都有平等的機會發展他的優美的本性。」在這個短短的界說中，自由與平等在民主體制下的正確關係已經很清楚地顯露出來了。最後，作者覺得湯姆遜教授下列這一段話頗值得我們玩味：「關於平等的理想，重要的是——根據以往經驗的教訓——我們既不應對它有恐懼或恐怖的反應，也不應誇張達成此理想之努力的可能效果。政治的、社會的或經濟的平等，其本身並不是一種萬靈藥；平等如失去了自由的協助便毫無民主的意義可言，不過，自由如果與平等的理想沒有適當的協調，結果也是一樣。祇有當平等被看作是民主理想的一種正常的、傳統的與不可或缺的一部分，像它過去在歷史上所發展的一樣，人們才能對之有適當的尊崇，但也有適當的懷疑，使它成為一種實際上可以獲致的事物。」

第六章

自由與平等的文化基礎

以上五章所涉及的問題都是限於自由與平等本身範圍之內的，這些問題大體上是包括在傳統的政治哲學之中，拉斯基在其《政治典範》的名著裡，即將自由與平等合為一專章而討論之。可是我們知道，政治學雖可以成為一種專門的學問，實際政治則祇是人文社會中的一部門，它與整個社會密切相關，無法孤立地存在。在這一關聯上，我們接觸到政治哲學的基礎問題。自由與平等，如果死死地局限於政治範疇之內，則都不免乾枯無生命，祇流為一些僵死的形式問題。近數十年來有不少人持有這樣的見解，即認為自由與平等這類觀念乃是十八世紀法國革命時代的口號，現在已經成為過時的理想，因而沒有再予以討論的價值。犯了這樣的錯誤的人，一方面固然是由於不瞭解自由與平等的理想性的永恆一面，另一方面則顯然是由於忽略了它們另有其較為廣泛的基礎。而這種基礎則又是變動性的，一旦此基礎改變了，則自由與平等為了適應新的社會處境亦確不能不隨之進入一種新的階段，表現出一種新的姿態。湯姆遜教授在其《平等》一書的結尾處曾指出了整個民主的這一與時俱進的本質，他說：「民主……祇有經常用更適當、更可瞭解的詞句將民主的信仰與哲學重新陳述，敏銳地適應著現代社會中人們的需要與慾望，然後民主才可生存並獲得勝利。」就這一點說，自法國革命以來，自由與平等的基礎確已迭經變遷，而自由與平等的本身卻未能亦步亦趨地適應著這些變遷。這也是有些人把它們看作已經過時的根本原因。我們今天之所以必須在一種更新的意義上探討自由與平等，其道理亦即在此。自由與平等不但在不同的時代會有不同的形態，在不同的地域亦無從一律化。湯姆遜曾指出：「人們很早便承認了法律平等的涵義，因為他們從習慣法中承繼了一種平等的傳統。美國、法國與較小程度的英國，都在此種傳統之上長成了一種宗教的、政治的與社會的附加傳統。這種傳統已根深柢固地存在於此三國之中，不過各國對此三種成分的著重點有所不同而已：美國最推崇社會與宗教平等，而法國則最推崇社會與政治的平等。」這裡所說的三個國家中的三種不同的平等便顯然是由於基礎的差異而形成的。總之，無論從時間或空間的角度觀察，自由與平等都是在一定的客觀基礎上發展起來的；撇開了這種基礎我們便無從理解它們的真實價值之所在，更不瞭解它們的變遷規律了。這一基礎究竟是什麼呢？這是本篇所要探究的主旨。

但是自由與平等一向是被列入政治哲學中的，因之，我們的討論便不能不從一般的政治基礎開始，如果我們真正找到了政治的基礎，則自由與平等的基礎問題自不難迎刃而解。關於政治的基礎問題，兩千年來曾不斷有思想家提出答案，我們不妨首先對已有的解答加以檢討，俾有助於新答案的產生。過去的答案大致上可以分為精神的與物質的兩類：前者以道德為政治的基礎，後者則以經濟為政治的基礎。

在這一方面，我們首先便該提到柏拉圖與亞里士多德的看法。他們兩人不但最早開始尋求道德與政治的關係，同時也都觸及了經濟基礎的問題。但他們的基本見解卻不一致：柏拉圖較注重道德，故以倫理學為基本學問，而視政治學為其中的一個分支；他雖將倫理學與政治學連接了起來，可是重點仍放在倫理方面，認為國家的最終目的是道德的，政治不過是使得人們更公正、更有德性的一種方法。亞里士多德則不同，他把政治學看作是無所不包的學問，他如倫理學與經濟學則祇是政治學裡的分支。這是他們在政治與道德的一般關係上的分歧。至於政治與經濟的關係，他們也同樣有所討論。柏拉圖在精神上雖重視政治的道德基礎，可是在現實社會的構成上是最早提出政治的基礎在於經濟的哲人。他把理想的社會，依據功能的不同而劃分為三大階級（見第四章），這種劃分一方面顯示出政治與經濟的密切關聯，另一方面又肯定了社會分工的重要性。這一觀念在柏氏的整個思想體系中並不很重要，真正視經濟為政治的基礎的顯然是亞里士多德。（美國歷史家比爾德〔Charles A. Beard〕在其《政治的經濟基礎》〔*Economic Basis of Politics*〕一書中提出了六個以經濟為政治基礎的思想家，第一位便是亞氏。）亞里士多德認為財富的性質與分配是構成政體形式的決定性因素，而一切革命與叛亂也都與經濟的不平等有關。

西方的政治思想自希臘羅馬以降，由於基督教的興起，都與神學、倫理學保持著密切關係，根本上政治學已成為副產品了。直到十五、六世紀的義大利思想家馬基維利（Niccolò Machiavelli）出，政治學的地位始大為增高。世人多知馬氏為一政治權術論者，是西方的韓非，亦知馬氏主張在政治上不擇手段的反道德傾向；殊不知馬氏除了摧毀政治的倫理基礎之外，還積極地承認政治的經濟基礎。他瞭解到一個國家內財富的分配密切地影響到實際統治權威的安排，換言之，誰在經濟上占了優勢，誰也就能取得政治上的支配地位。因此他承認不同的經濟狀況決定了不同形態的政治組織；而民主政體則唯有在經濟平等的條件下才宜於實行。

此外在主張經濟為政治的基礎的方面，還有英國的培根（Francis Bacon）、哈靈頓、洛克、柏克（Edmund Burke），以及法國的孟德斯鳩，美國的麥迪生、威布斯特（Daniel Webster）、考爾亨（John C. Calhoun）諸人。至於十九世紀以來的社會主義者，包括馬克思派在內的經濟決定論更是我們所熟悉的了，不必多說。這些理論雖不無小異，卻終歸大同，舉一可以反三。接著讓我們看看以道德為政治基礎的理論。

政治道德論者在哲學派別上大都是唯心主義者（Idealists），如十八、十九世紀之際的德國唯心哲學家康德、菲希特、黑格爾等；十九世紀中葉以後的英國唯心哲學家格林、布萊德雷（F. H. Bradley）、包桑奎（B. Bosanquet）等。德國的哲人們最喜在道德基礎上講自由，差不多已成了人們的常識。同時，他們也都把國家看作是具有某些道德目的的。英國的唯心論者一部分亦繼承德國思想而來，他們簡直就把政治學說當作道德學說的擴大。格林持著國家的目的主要是倫理的原則，布萊德雷視國家為一道德的機體，包桑奎把盧梭的「群意」說與國家為一最終極的道德存在之形上學觀點連接在一起，並因而認為個人與社會並無衝突存在。政治道德的思想在二十世紀猶不乏倡導者，新唯心論大師克羅齊（Benedetto Croce）即曾撰《政治與道德》（*Politics and Morals*）一書，專門探討二者的關係。

這祇是西方思想史上的政治基礎論的兩大主要派別。其實這兩派的理論在中國政治思想上亦同樣找得到痕跡。在中國傳統政治思想上，最得勢的當然是政治道德論，儒家思想根本認為政治是道德的延長。別的不說，僅就過去流行的「德政」兩個字我們便不難瞭解這派思想如何深入人心。至於政治的經濟基礎論者，在中國亦未嘗沒有；最早的《尚書》中〈洪範〉九疇即以食貨居首，而《周禮》一書亦以經濟為政治之本，此後之講周禮者自王莽、蘇綽、王安石、李覯、林勳以降也都多少發揮過經濟基礎論的觀念。

從上面這一番的歷史檢討中，我們大致已可對此兩種說法獲得一比較粗淺的印象。這兩種說法究竟誰對呢？還是都不對呢？如果是錯誤的，其錯誤之故又何在呢？這些問題，如果認真討論起來，恐怕幾十萬字也不見得說得清楚。這裡我們實無法涉及其理論部分，而祇能從事實上略加考慮。從歷史事實上看，這兩派說法都可以找到一部分經驗的支持，但也都有講不通的地方。歷史變遷的決定因素究竟誰屬，其本身便是一待證的假設。自歷史證明，無論是道德或是經濟，其本身也是變動的，它們的變動亦同樣受某些特定的因素之支配。僅此一點已可說明它們之中任何一個都不能成為決定政治變遷的唯一因素。我們現在不能多討論歷史理論，祇想指出與本文論旨相關的一點，即近代「文化史」（History of Civilization）觀念之興起已否定了所有一元論的歷史觀。文化是一整體，不可截然分成各不相關的若干片斷；文化變遷最初儘管係由某一特殊方面（政治、思想、經濟……）所引起，但最後必及於全體，改變了整個文化的性質；否則即不成其為文化變遷了。所以歷史上頗不乏部分的變化不能產生普遍的文化結果之事實。而這類文化變遷的一特殊導火線則沒有任何必然性，祇是若干特定條件的偶然結合而已！因此整個文化變遷的正常過程總是循著這樣一種方式：最初是某一特殊方面發生局部的改變，而這種改變卻與該文化的全面動向相符合，於是遂產生一種要求改變的新文化精神？此精神既經建立之後便瀰漫乎六合，反過來又促成每一部分的根本變化。（按：關於文化問題，此處不能詳及，讀者宜與著者近作《文明論衡》合看，該書即將由高原出版社出版。）據此，則文化中任何部分不能成為其他部分的真正基礎，因為任何部分的變化最後都不能不受一種新的全面文化精神的支配。政治自亦無從例外。我們觀察任何時代、任何國家的文化，都會發現其中有一種特殊的共同精神貫穿在該文化中的每一角落，這便是整體的文化精神。我們通常之所以能對各種時間與空間都不相同的文化加以區別與比較，便正是因為有這一整體文化精神之存在。在一定型的文化中，政治、經濟、道德……等各部分必然多少都是相互配合的，人們如不深察，則很容易在一個時期內把某一部分看作其他部分的基礎。

湯因比對文化整體的觀察非常正確，他曾指出：「每一個歷史文化類型（Culture Pattern）都是一有機整體，其中各部分乃是相互依存的，因之如果其中一部分脫離了原有的背景，則此孤立的一部和被割裂的整體，其行為便和原封不動之原型，不大相同。……如果一塊碎片從一個文化中脫離出來，而入於一個外國的社會體中，則這個孤立的碎片，將夾在該碎片原來所在之社會體系內的其他成分，進入那個外國社會之內。在此碎片所進入的新環境中，那破碎了的整個原模又將再行組織起來。」（見《世界與西方》〔*The World and West*〕）

基於以上這一段分析，我們殊不難看出：政治既為整體文化中的一部分，它的性質自然得為一定的文化精神所決定。此所以各個時代與地域的文化精神之不同遂毫無例外地形成了各種不同的政治形態。從一般文化精神決定政治性質的事實來看，我們便很容易瞭解自由與平等也是建築在一般文化的基礎之上的。自由與平等在近代政治上的具體表現便是民主制度；而民主制度與文化的關係則早已為一般民主理論家所認識。這裡我們首先要指出一點，即在本文開題處我們已經無形中指點出所謂「文化基礎」實含有兩意思：第一重意思是縱的歷史背景，因為文化原為歷史的累積。民主制度在西方有其長遠的歷史背景，從最古的部落會議、希臘的城邦政治、羅馬的憲法、中古的代議制度與封建契約關係，以至近代初期的民族國家的凝成……等等，都是構成近代民主的歷史因素，因而也是它的一種文化基礎。另一重意思是橫的文化條件，此即前面說過的整體文化精神。在一定的時間與地域內有一定的文化條件，這些條件便規定了民主制度的形態。因此，英國、法國、美國雖同為近代大的民主國家，但其間卻因文化條件之微有不同而略有差異。而於小國的民主如瑞士又復與上述三國不大一樣。這些例證說明了文化條件是如何密切地影響著民主政治。往深一層看，這兩重意義實在是二而一的；任何古代與中古的民主祇能有局部的發展而直到近代才能全面展開呢！這絕不能如一般淺薄無知之徒所指責的，說什麼古人愚昧，見不及此；恰恰相反，這正是由於以往各時代都未能具備著足夠的文化條件。

我們試持此觀點來省察自由與平等。關於自由與平等縱的歷史背景，我們在本書前數章中已分別作過部分溯源的工作，這裡不想重複。這裡祇想討論它們的橫的文化條件。在這一方面我們首先該提到杜威的一本名著——《自由與文化》。顧名思義，我們即可知這本書的主旨是在探求自由與文化之間的關係，最後並將自由安放在文化的基礎之上。他開宗明義地說道：「人類日常生活上的聯繫和共同生活的條件，這一切錯綜和複雜的關係，我們總稱之為『文化』。目前的問題是在發現：究竟那一種文化本身是如此之自由，它可以孕育並產生政治自由的後果。」同時杜威反對強調某一種文化因素如政治或經濟的決定性作用，而將各種文化因素同政治、經濟以至道德、科學、藝術、宗教等量齊觀，認為祇有綜攝了這一切因素的文化整體才真正是自由的基礎。所以他說道：「要研究一群彼此合作的個體自由，必須拿它與整個文化放在一起看。而文化的狀態是很多因素不停地在交互影響的狀態，這些因素中主要的法律和政治、工業和商業、科學和技術、表現和傳達的藝術、和道德或人類所尊重的價值和他們衡量價值的方法；最後，雖然是間接地，人類的社會哲學——即人類批評和接受他們周圍事物的那一套思想方法。我們現在所著重的是自由問題，而不是答案，因為我們深信，所有答案都是不著邊際的，除非我們先拿這問題放在構成文化的各因素，以及文化與人性的因素之間的交互影響中一起看。在討論這些問題時，我們有一個基本原則，不管那一個因素在某一個時期有特別強的力量，我們不能拿它加以孤立，否則我們就無法瞭解一般情況，和採取任何合理的行動。」

杜威的話使我們瞭然於自由必須建築於深厚的基礎之上，而不僅是一個空泛的觀念。因此我們要追求自由與平等的實現便不能祇憑喊幾句自由、平等、博愛的口號，根本上我們的問題是如何創造一些可以實現這類崇高理想的文化條件。由此我們即可當下了悟到，中國人追求民主自由已經有好幾十年的歷史，而迄無具體的成就者正因為我們祇知喊口號、寫標語，卻不肯潛心於文化條件的創造。杜威認為政治的自由必須存在於自由文化之中，涵有極深的真理成分，遠非一般空談政治自由的淺薄者流所可比。杜氏該書祇談自由而沒有涉及平等，關於平等的基礎問題我們願意引用法國社會學家波格勒（Célestin Bouglé）的《平等的思想》（*Les Idées Egalitaires*）中所陳述的觀點來加以說明。波氏認為：「產生平等思想的兩個主要的歷史時代，乃是羅馬帝國的後期與西歐和美國歷史的最近兩世紀。為什麼呢？他要尋出原因來。他的結論說，這兩個時代之主要的共同特徵是大量而稠密的人口之流動，使具有各種不同文化背景的個人結合在一起，而各種分歧重疊的集團得和平共處，結成一種新的共同文化，因而產生了平等思想。」波氏僅從人口問題的角度來觀察平等思想的根源也許過於偏狹了，但是他顯然已進一步理解到平等觀念與社會文化狀況之間的密切關聯。因此湯姆遜教授才接著說：「他正確地看到了：在某些社會條件與思想之間建立起這樣一種相互關係，並不是決定何者是因、何者是果；人們可能因為要成為平等的人才如此地自行組織起來。但在任何情形之下，社會條件與可行的理想之間都有著一種密切的交互作用。……瞭解了平等的理想及其實際的涵義，便更易使人瞭解產生此種理想條件與這種理想所導向的情勢。」（參見拙譯《平等》）湯姆遜所謂社會條件事實上也正是杜威所說的文化條件。由此可見，無論是自由或平等都有其一定的文化基礎；離開了這種基礎，則自由與平等祇能是空洞的口號，絕無實際主義可言。這是最值得我們中國的民主主義者反省的地方。

我們真正認清了自由與平等的這一本質，我們同時也就能瞭然於它們與時俱進的變動性的一面；而這一認識又可以反過來加強我們對於這兩大民主理想的永恆性的信念。如果自由與平等失去了文化的生命，祇是人們隨便喊出來的口號，那就絲毫不值得我們追求了！可是人類歷史，尤其是近代史，竟充滿了為自由與平等的實現而流血的記載，這些史實又該如何解釋呢？而且自由與平等的理想，儘管在西方近代史上特別顯得活躍，但它們絕不僅是屬於西方的，更不祇是近代的；差不多在一切有歷史記載的遠古文化中都可以找到它們的痕跡。中國的孔子、莊子早就發揮過高深的自由思想，而儒家「四海之內皆兄弟」與墨子之「兼愛」更從平等進至博愛的極境。印度的《奧義書》中便存在著自由的觀念，佛教的「大自在」與「闡提亦有佛性」也顯然是自由與平等的另一說法。雖然自由與平等在不同的文化中有不同的形態與著重點，但其存在的普遍性則不容懷疑。而這種種差異倒恰恰說明了它們建基於文化的事實，文化條件的不同決定了它們在具體成就上的分殊。在這裡，我們顯然又進而看到：自由與平等絕不祇是一種政治哲學上的概念，而是整個文化的理想。我們過去的主要錯誤之一便是把自由與平等死死地局限於政治範疇之內，並且還因此忽視甚至敵視它們在其他方面的意義與價值。

事實上，這是研究自由與平等的一個很重要的關鍵。把自由與平等看成單純的政治理想與把它們看作整個文化的理想，便會產生很不相同的後果。從政治上看，自由在消極方面祇是政府不干涉個人的私有區域（zone of privacy），在積極方面則是人民有選擇政府與參與政事的權利；平等祇是人人都享有此種政治自由，以及法律面前的一律平等。這種自由與平等的內容是很貧乏的，貧乏到屈指可數的程度。而且，這類的自由與平等，分析到最後，並不表現任何創造性的文化價值，最多不過是保證每一個社會成員都自由活動與平等發展的可能而已！所以政治上的自由與平等如有價值與意義，則在於它們是達到其他更高層次的創造性的人生活動的手段，我們絕無法以此「可能」為滿足。十八、十九世紀的舊自由主義之所以逐漸為人們所揚棄，便是因它僅是形式而缺少充實的文化內容；質言之即不能真正保證絕大多數社會成員的幸福生活，如嚴重的貧富不均現象即是最明顯的例證。最近的西方學人多主張自由與平等應從政治範疇中擴展至人生的每一面，此一轉變已足夠說明它們必須成為整個文化的理想。在東方文化中，自由與平等在政治方面可以說毫無成就，但在精神道德方面卻發展得很深遠。客觀地說，這些當然有其特殊的歷史背景，主觀地說，則亦由東方人與西方人同樣地在文明精神上有了偏向。此所以自由與平等的觀念一直不曾在東方的現實社會中有活躍的表現，因而也未能真正成為全面的文化理想。東方與西方在這一點上正是各自看到了矛盾的一面，都多少犯了以偏概全的毛病。也因此才使得這兩個概念在近代中國知識分子之間引起了一些不必要的糾紛：中國文化的維護者過於看重內心的自由與平等，而以它們在政治社會方面的體現在價值上為較低，在意義上為次要。而西方文化的傾慕者則視政治上的自由與平等為根本的，甚至認為祇要有政治的自由與平等，精神上的自由與平等便自然會逐漸實現。這兩種不同的偏執說法無論在理論上或事實上都缺乏強有力的根據。但如果我們能換一種眼光，即把它們當作整個文化的理想來看，則自由與平等不但不會有政治與道德上的衝突，並且還是相互補充的（mutual complementary）。站在中國人的立場上說，我們一方面固然得承認西方自由與平等的理想在現實社會上的成就，以及這種成就對此理想實現所具有的客觀保證價值；而另一方面，我們也絕不能忽視中國傳統文化條件中所孕育出來的精神上自由與平等。如果我們視中國已有的自由與平等為毫無價值可言，而欲全部否定之，以重新建立西方式的自由與平等，那麼我們便得首先假定自由與平等乃是無實際依據的空洞口號。這顯然是一種嚴重的錯誤。

可是中西自由與平等理想在文化上的真實貫通，也並不是隨便談談就可以有成就的。撇開一切其他條件不說，在思想方面我們首先便得深入地瞭解它們所表現的文化理想的涵義。作為文化理想，自由與平等便不僅僅是「可能」，而是各種文化價值的創造，其中包括種種必要的社會制度的創建與每一個人的創造能力的培養。同時，它們的範圍也不再局限於任何一個角落，而擴充到整個人間世界。有了這種瞭解，我們自然無法相信中國傳統精神的自由與平等和近代西方社會的自由與平等不能並存的說法，相反地我們倒可以在一更高的理念——文化整體觀——之下將此二者加以綜攝與融化，而使之並行不悖、相得益彰。這一瞭解之所以必要，乃是因為非如此，我們便無從看到自由與平等的最終極的文化價值，而自由與平等本身亦絕不能祇成為人類實現文化理想的手段。有些人因為政治上的自由與平等不能成為人類最高的文化理想，便因而加以鄙視，並過分低估它們的價值。這種態度其實正是祇知自由與平等的政治意義者的一丘之貉。自由與平等如果可以在概念上分為某些層次，這種劃分也無疑是由它們所依附以表現的各種價值層次不同的具體對象中決定的，絕不是自由與平等本身有什麼高下之別。自由與平等是渾然整體的永恆文化理想，在空間上無極限，在時間上無止境。

上面我們對於自由與平等和文化的關係做了幾層分析。無論我們把它們看作政治學中的概念，或本身可以獨立存在的觀念，或整個文化的理想，我們都必須承認它們須以文化整體為基礎。我們在文化基礎上討論自由與平等便不致流於空泛，也祇有在文化基礎上這問題才值得討論。而且對於我們中國人來說，這種認識還有一層好處。因為我們過去一直把自由與平等看作純政治性的與屬於西方文化的，好像和中國毫無關係似的；於是追求自由與平等便完全成為西化的一部分，並不是出乎中國文化的自我要求。這是不正確的；同時，作為一種社會運動來說，也是無號召力的，不能獲得多數人民的支持。可是如果把它們擴大為文化的理想，情形就不同了。我們便看到中國文化中也能找到西方式的自由與平等的存在依據，因而它們的實現不但不意味著中國文化完全為西方所代替，不但不意味著中國文化傳統中的自由與平等完全為西方近代的自由與平等所代替，相反地，倒恰恰是中西文化結合在自由與平等上的真實融通。也許有人會認為這種理論祇是高調，難於實踐，因為我們過去僅僅追求自由與平等都失敗了，何況再牽扯到廣泛的文化問題上去呢！這豈不更沒有成功的希望了嗎？我們的看法倒正相反。過去自由民主運動的失敗也許正是因為我們未能把運動安放在堅實的文化基礎之上，以致使得自由與平等這類理想流為空洞的口號。「欲速則不達」，這正是我們應該領取的歷史教訓。至於說困難，那是必然而又當然的，不難何以顯得出它的崇高的理想性？更何以成其為創造歷史的偉大事業？但是也祇有在這樣堅固的基礎上建造起來的事業才是最可靠的，無法推翻的，同時還是有一分努力即有一分成就的。

還有一點應該說明，我們雖然認為自由與平等乃是文化的理想，但並不含有它們是唯一的文化理想的意思。文化無所不包，人們從任何一面著眼都能看到一種理想。而理想的社會，從理想方面說，正在於能同時包含人類所尊崇的各種不同的理想，用中國成語來說便是「道並行而不相悖」。自由與平等的理想實現不但不會排斥其他的文化理想，而且也可以保證其他理想的並存不悖。

最後，作者願意指出，就本書所討論的全部涵義言之，則自由與平等在中國正面臨著一個新的起點，也象徵著一個新的目標，需要一切真正的民主自由的鬥士們、中國文化的維護者，以及西方文化的傾慕者共同携手而努力以赴之！

附錄一

羅素論自由

羅素（Bertrand Russell）為當代著名的自由思想大師。這是每一個知識分子都知道的。至於他的自由觀念究竟如何，恐怕一般人並不甚清楚。一九五一年羅素寫了差不多兩萬字的一篇文章，題目是〈自由是什麼？〉（"What is Freedom"）這是羅氏對自由觀念的一個簡明而扼要的交代。在這篇文章中，羅素是用最通俗淺近的話來說明自由的涵義的，真做到了「老嫗都解」的境地。也許有人看了會覺得他的自由理論太平凡了；不錯，平凡的確是平凡，但自由本身原來是很平凡，如果不是為了某種特殊的目的，或討論形而上學的所謂「自由」的話，我們實在沒有理由把自由解釋成一種神秘莫測的玄妙東西。不過，羅氏原文太長，其中有許多話是對西方人說的，和我們東方人關係甚少，因此我決定根據羅氏的中心觀念，用我自己的話加以發揮，這樣也許比較更能適合中國讀者的興趣。文中凡是加上括號的都是羅氏的原文，[1]其餘的話則是我添上去的。因此本文一方面是對羅素原著的撮要介紹，一方面也可以算是我個人對它的一種註疏。

一

中國人接觸到西方的自由概念，無疑地應以嚴復翻譯約翰．穆勒（John Stuart Mill）的《群己權界論》（*On Liberty*）為其嚆矢。嚴氏用「群己權界」來定義自由雖頗得穆勒原書精神，但他在序言中一再強調英文Freedom、Liberty與中國「自由」一詞完全吻合，卻不能說不是誤解了西方的自由觀念。過去中國所用的「自由」二字，每用於文學上的抒發情感，如柳子厚：「春風無限瀟湘意，欲採蘋花不自由」，杜子美：「送客逢春可自由」之類是也。然而對於嚴格的社會自由，如西方思想家洛克（John Locke）、盧梭（Rousseau）、邊沁（Jeremy Bentham）、格林（T. H. Green），以至穆勒所一再闡釋者，則在中國傳統思想中找不到蹤跡。這當然有它的社會背景，不能說中國人的智慧不及此，其中癥結何在，我們可以置而不論。不過我們至少應該承認我們如果緊守著自由自在的「自由」之義來解西方社會自由的觀念，那總是牛頭對不上馬嘴的！即是在西方，自由也有各種不同的涵義，如「盜竊的自由」、「謀殺的自由」便顯然是貶義的自由了。而中國人對「自由」傳統的用法卻正是貶義居多。這一點是我們在接受西方近代的自由觀念時首先便得分辨清楚的，然而不幸，第一位把西方自由介紹到中國來的嚴幾道先生便最早犯了這個附會的毛病。其後幾十年來，我們的見解也沒有任何改進，真弄到羅蘭夫人所說的「自由、自由！天下多少罪惡假汝之名以行」的地步。羅素在〈自由是什麼？〉中劈頭就說道：

自由的種類很多；有的世界上太少了，有的又太多了。但若說我們可以有太多的任何種類的自由，那麼我們得接著補充一句：祇有一種自由是我們所不希

1 編按：羅素原文在本書已編排為獨立段落之楷體引文。

望的，那便是減少他人自由的自由，如奴役他人的自由即其一例。

這番話首先點破了自由好壞善惡之別，不可籠統地以為任何冠以自由之名的東西都是我們所需要的。羅素是當代邏輯分析派（logical analysis）的大師，因之，他對自由的分析正是運用新的思維方法的結果。近數十年來，他們常聽到極權主義者誣衊西方傳統的社會自由為「個人自私自利」，而另倡所謂「集體自由」、「國家自由」、「階級自由」之說。這樣一來，一切個人的自由在理論與實際上都消釋於「集體自由」之中，而最後個人遂成為政權的工具，但一般思維力量不夠的青年朋友們卻信為無上的真理，不肯平心靜氣地想想把一切個人的自由統統交給統治者，究竟會產生怎樣的社會後果。所以羅素感慨系之地說：

我懷疑，如果社會制度減少了我們自由的總量，那它是否還是合理的呢？但是很多社會制度雖然剝奪了某種個體或群體的自由，卻仍然為人看作是天經地義的。

這番話在我們深受極權主義荼毒的中國人聽來，格外覺得搔到了癢處。

二

究竟什麼才是自由呢？西方的自由觀念也是到洛克以後才逐漸明確起來的。十九世紀英國史學家阿克頓（Lord Acton）曾發憤要寫一部自由史，他收集材料的結果，竟發現自由的定義有兩百個之多，正如後來的社會主義有好幾十種一樣，他的自由史終於不能寫成，想這也未嘗不是一個重大的阻礙。但是到了我們這個時代，由於極權主義對民主的挑戰，我們對自由的看法便逐漸有了定型。美國瓊斯教授（Bryn-Jones）在他一九四五年出版的*Toward a Democratic New Order*書中認為自由有消極與積極兩個方面；積極的自由首倡於英國政治思想家格林，意謂自由是要有創造性的，消極的自由遠承英哲霍布斯的《巨靈論》（*Leviathan*）中〈論人民的自由〉（On The Liberty of Subjects）一章而來，即自由乃免於束縛之意。其實這兩種自由原是一種自由的兩面表現，原不可機械地予以劃分。因此，美國另一著名的民主理論家馬基佛（Robert Morrison MacIver）在他一九五〇年所寫的*The Ramparts We Guard*裡亦說自由的根本精神在於使人主動地有所作為，而力斥黑格爾以來所謂「自由即服從規法」之理論。他又主張民主社會的自由是「公民的自由」（Liberty of the Citizen），並非「個人的自由」（Liberty of the Individual），這也是針對十九世紀自由放任的無限自由而發的，他如丹麥教授魯司（Alf Ross）則認為從消極的方面說，自由乃是意味著束縛與限制的消失，此所謂束縛與限制皆是個人所親身感受者。所有這許多說法儘管細節上稍有不同，但大體意見已漸趨一致。然而最能將自由的精神一語道中者仍不能不數羅素。羅素說：

> 自由的最基本意義乃是個體或群體的行動不受外在的控制。它因為祇是一個消極的概念，而且僅僅是自由也並不能給予社會什麼崇高的價值。

這祇是指消極的自由而言，至於自由的積極價值，羅素說得更為透澈：

> 自由對於很多好事情都是必需的；而好事情也都是從享有自由的人民的衝動、慾望和信仰而來的。大詩人給予社會以光明，但人們卻不肯確信；社會之所以會產生偉大的詩篇乃是因為沒有法律阻礙它的緣故。……雖然自由本身並未構成社會福利的全體，但它對於這些福利的絕大部分是極端需要的；而且自由又極易被人愚蠢地予以限制，以致我們很少能誇張它的重要性。

三

自由的方面甚多，我們常聽到各種各類的自由；然則在社會關係中我們怎樣才能理解自由的全幅涵義呢？這一點則是民主理論家所一向疏忽了的。要解答這一問題，我們便必須觸及自由的分類。自由應該怎樣加以分類呢？羅素說：

在許多不同的自由中，我們至少可以有兩種分類的方式。第一種是國家、國家之內的社群或個人所享有的自由；第二種則是經濟、政治與文化的自由。不過後一種自由的界線永遠不能劃分得很清楚。

換句話，我們可以從兩種角度來體認自由，一是群體與個體的自由，正是約翰．穆勒所謂的「群己權界」；另一是社會自由之各面的表現，這種分類方法則是極權主義興起之後，高唱所謂經濟民主重於政治民主的謬論之後才產生的。第一種乃是對自由之縱的分類，第二種則是橫的解剖。這樣縱橫交叉我們才能測量出自由的中心何在。現在我們先看看群體自由與個體自由的一般關係如何。

個體自由是與社會自由相對待的，在過去它是自由的最重要部分。但在現代的世界中，除非作為團體的分子，個人就很少能夠有多大影響，因之社群自由問題便較個體自由的問題來得更為重要了。

這裡特別值得指出的是，羅素是用歷史的眼光來解決群己之間的矛盾的。我們知道，早在一九三四年羅素便寫了那本世界名著：《自由與組織》（*Freedom and Organization*），其目的在於：「敘述十九世紀間二種變化主因的對立與相制：一是自由黨與急進派所共有的對於自由信仰，一是從工業技術與科學技術中所產生出來的對於組織之需要。」（見該書自序）正因羅氏著眼於歷史的變遷，所以他才能看出近百餘年來的群己自由的分量上已起了變化：十八世紀與十九世紀的初期，西方人是特別看重個人自由的，那時所謂自由實是與「個人自由」同義的。但從十九世紀中葉以來，組織的重要性已愈來愈增加，於是個人的自由便不能不受到若干限制。這不是一個理論的問題，倒毋寧是事實的問題。關於這一點，另一哲學大師杜威也具有相同的見解，杜威說到美國的情況時曾說：「當初美國人對自由所採取的立場已經變得非常複雜，這種情形很明顯，因為有人主張要保全民主制度，必須擴充政治的權限，而這一點卻是創建美國自由傳統的人士心目中的死敵。不管那一派社會哲學來得正確，今天美國的情況與當初已大不相同，因此自由與民主的問題主要不再是一個人的問題，可以由個人的選擇和行動來決定。」（《自由與文化》，人生出版社譯本）但是承認群體的重要性並不在於否定個體自由的價值，相反地倒是因為群體自由可以更進一步地保證（並非剝奪）個體自由的存在，因此羅素接著趕快下一轉語：

十八世紀時，很多人都信仰「人權」，也就是個人的權利，但對於和政府或大多數人的目的相矛盾的組織的權利卻不予維護。雖然現在個體自由已比較沒有以往那樣重要，但它的重要性依然遠過於人們所瞭解的程度之上。佛教、基督教、馬克思主義都是從個人發端的，但在極權國家中他們都不可能產生。伽里略受了異端審判所的虐待，可是若與現代極權國家的虐待方法比較起來，還是小巫見大巫哩！他並沒有被處死，他的著作也沒有被焚毀，而他的門徒也未曾受到清算。

在這一段話中我們可以看出羅素對傳統的個體自由仍是極端維護的，不過他不像那些頑固分子一口咬定「個人自由」不放，而是客觀地從社會狀況中尋求今天個人所能享有的最大自由限度。這是解開當前種種矛盾的一條路，不可等閒視之也。

談到國家之內的各種社群如教會、工會之類的自由，羅素特別將蘇俄與西方情形加以對照：

在蘇俄，雖然名義上有工會的存在，實質上它不過是政府的一部門而已。它絕對沒有罷工權，而集體要求增加工資更是不可能的事。相反地，在西方國家，工會逐漸獲得了自由，且幾乎成為獨立的力量。顯然，工會的力量，正如主權國家一樣，應當受到若干限制。但現在西方大體上已承認，像組織工會這一類社群的自由及允許它們作廣泛的集體活動，已經成為我們所謂的自由的主要內容了。

從這裡又可以看到，羅素是認為今天個人自由的表現必須通過社群才有可能。個別的工人無法要求資方改善待遇，所以必須通過工會的組織；個別的公民無法參加競選，所以必須通過政黨的組織。其間的道理原是一貫的。反過來我們也可以說，個人如果要向社會權威爭取一己之自由，也必須經過社群這一轉折才能發生實際力量。因之，個人自由有了社群自由作保障，倒反而愈可靠而不容橫遭剝奪了。

羅氏所謂「除非作為團體的分子，個人就很少能有多大的影響」，正是這個意思。

羅氏對於群體自由與個體自由的新認識，基本上是從他解開了群與己（社會與個人）之間的舊矛盾而推演出來的。因之我們必須略略瞭解羅氏對群己關係的交代。關於群己關係究竟如何才算合理，他在這篇〈自由是什麼？〉一文中尚沒有提到，因為他在一九四九年所寫的《權威與個體》（*Authority and the Individual*）一本小冊子說過了，我現在姑引其中一段作為參考：

> 一個健全而進步的社會需要兼有中央控制與個體和團體的創發力：沒有控制便會陷入混亂，而沒有創發力便會陷於停滯。……在我們的複雜的世界裡，沒有政府便不可能有成果的創發力，但是不幸得很，失去創發力政府也同樣無法存在。

這種看法基本上把過去群己對立的理論推翻了。群己的基本矛盾既然消解了，那麼群體自由與個體自由的衝突自然也失去了存在的根據。我們將羅素在兩篇大文中所說的話配合起來看，再加上他在《自由與組織》中所運用的歷史觀點，則今天群體自由與個體自由的一般關係究當如何，實已很清楚地呈現在我們的眼前了！

四

羅素將一般社會自由分成三種主要的種類：政治自由、經濟自由與文化自由。這一分類並非羅素所獨創，一般談自由的人也常作類似的說法，不過很少人能確切瞭解此一分類的理論根據與全幅涵義。

第二次大戰期間，羅斯福總統曾提出四大自由的口號：第一、言論自由；第二、信仰自由；第三、免於匱乏的自由；第四、免於恐懼的自由。如果我們把這四大自由歸納起來，則第一、第二兩項是文化自由，第三項是經濟自由，第四項是政治自由。這與羅素的看法顯然是大同小異。

但在一般人的瞭解中，無論是三類自由或四大自由，似乎都可以分得開，不一定能同時存在。這種錯覺的最具體表現，便是過去所一度流行的調和之論——英、美是政治民主，蘇俄是經濟民主；因而希望這「兩種民主」可以互相截長補短。這一說法之不通，馬基佛在*The Ramparts We Guard*一書中已極力辯之，他認為「經濟民主」一詞便根本無法成立，民主便是民主，無所謂「另一種民主」（another kind of democracy）。由此看來，我們對於羅素的三種社會自由或羅斯福的四大自由，都必須看作是一種不可分的自由的幾面表現。因此羅素認為政治、經濟、文化自由之間的界線永遠無法劃分得很清楚，社會自由之不可被分割，一方面固由於自由本身具有一貫性，另一方面亦由於社會之整體性。（社會整體的問題因事涉專門非本文所能及。）

羅素在分別討論政治、經濟、文化諸自由時，並非從純理論方面著眼的，而是針對著共產黨的極權統治的現實而發。所以他說：

> 政治自由包括兩個不同的元素：一方面，無論何處，如果需要一個共同決定時，這決定應該是大多數人的決定；另一方面，無論何時，如果可能避免的話，應該有避免做共同決定的一切準備。

這段話初看來似乎很奇怪，因為一向講政治自由的人都沒有說過類似的話。可是接著讀下去，我們就完全明白他的意思了！

> 在今日的蘇俄，這二者都是渺無蹤跡的。做共同決定的不是多數人而是統治集團。有很多的事情，若在比較自由的社會中祇要給個人處理就行了，可是在蘇俄卻被認為是公共決定的事。

這裡我們瞭解了蘇俄政治的矛盾：一方面它絕不是以民意為依歸的，另一方面它卻是處處假借民意為其種種罪行做掩護。蘇俄的所謂「公共決定的事」如審訊以至處決他們認為是危害政權的人，則通常都採取民眾大會的方式。讀過《聯共黨史》的人應該不會忘記一九三七年間蘇俄對皮達可夫、拉狄克、屠哈切夫斯基、雅基爾、布哈林、李可夫等人的許多「公審」。此外有許多經濟建設方面的技術問題，本來是專家可以解決的，而他們卻要由黨來「共同決定」。當然這類「共同決定」並不僅蘇俄為然，近數年來中共在大陸上所演的一幕幕「公審」慘劇，以至最近鬧得舉國不安的清算俞平伯《紅樓夢研究》的觀點的事件，都是蘇俄政治手法的直接翻版。盧梭的「群意」（general will）一向為民主理論家所詬病，認為它在理論上缺乏根據，不料共產黨人居然在實踐中把「群意」的壞作用發揮到了極度。而羅素之一再強調盡量避免做「共同決定」，其本意正是如此。他以哲人的慧眼看出人類先天地有「要求一致的本性，這種要求甚至根本是不為了什麼社會目的」。在群眾的盲目衝動下所獲得的「共同決定」絕無民主的意義可言。希臘時代哲人蘇格拉底死於群眾的「共同決定」，柏拉圖因此而終身反對民主。其實這何嘗是民主，祇是暴民政治（mob rule）而已！羅素進一步說：

對於自由愛好者的真正考驗卻是來自他所不喜歡的事物上。容忍你所喜歡的一切是容易的。而民主風度的特徵卻是對你所不喜歡的一切的容忍。

人們怎樣才能容忍異己呢？最可靠的辦法是通過民主制度的保障，這也就是政治自由的最根本的功效之一。如果沒有政治自由，則勢必演成弱肉強食的局面：

政治自由不存在的地方，便會出現有權力的集團是能夠阻止或懲罰一切對它自己的批評。

我們必須牢記，自由是對個人說的，也祇是在一個個的人身上才能有最具體的表現。政治自由的涵義絕不能止於空洞的「國家自由」，而必須有其個人的根據。關於這一點，我願意引卡爾教授（Prof. E. H. Carr）在《民族主義及其後》（*Nationalism and After*）一書中所說的一段話作為總結：「自由對於一個國家來說，祇有它當為該國的所有人民（男人與女人）所要求，並且認為是與他們的自由有著密切關係的時候，才有意義可言。但是像在兩次大戰期間所出現的那種一致否定國內大部分人民的基本權利與自由的國家自由，實在是比名詞上的矛盾高明不了多少。」

經濟自由，誠如羅氏所說：「在我們這個時代中引起了若干最為尖銳的矛盾。」由於共產黨人有計劃的長期誣衊，好些人一聽到經濟自由便自然地聯想到資本主義，其實這二者根本不是一回事。又有人以為現代社會所要求的乃是「經濟平等」而非「經濟自由」，這也是一個重大的錯誤。我們姑且聽聽羅素對經濟自由的正確解釋吧！

過去一般人習慣地認為在完全的「放任」制度下，才有最大的經濟自由，但逐漸地，人們在這一方面的見解改變了。極端的無政府主義者主張謀殺與盜竊的自由，但絕大多數人都瞭然，如果犯罪毫不受限制的話，那麼我們寧可要更少的自由。……其實經濟自由的正確意義並不是讓任何人在經濟園地內做任何他所喜歡的事，而毋寧是使人從經濟的強制中解放出來，祇要他們的行為沒有顯然地忽視公共的利益。實際上，這就是說，如果一個人是守法的，並且願意工作，那就絕不能讓他挨餓。「放任」不能保障這種結果。人們曾希望社會主義可以做到這一點，但蘇俄式的社會主義對它的摧毀竟遠比資本主義最殘酷的時代還要厲害。

羅素所說的經濟自由顯然不是資本主義的經濟制度，而是一種一方面不違反社會公共福利，另一方面又能保持個人的獨立自由之新觀念，他特別指出蘇俄社會主義的現實惡果，以證明社會主義理論的破產，尤值得我們反省。不過羅氏可惜沒有對社會主義經濟何以終不能不走上與其所懸的理想相反的道路，做理論上的分析，似乎令人有美中不足之感。好在關於這一方面的研究近數十年不少經濟學家、民主理論家已有很大的成就，可以填補羅氏的缺陷。

羅素雖然在這一方面未做深入的分析，可是他還是把握到了一個要點，那就是權力的集中必然造成經濟的不公平：

享有無限權力的人們，即使不擴展他們的經濟利益，也必將擴展他們的信條和偏見，實際上，祇有在例外的短暫時期中，它才不會犧牲無權者的利益而壯大自己。關於這點，蘇俄也同樣提供了一個顯著的例證。由於這種純粹知識上的錯誤，馬克思才想像如果私有財產一旦廢除，經濟的不公平便可消滅。他之所以造成這個錯誤乃是因為他不瞭解財產祇不過是權力形態的一種而已。同時廢除了私有財產，卻把權力集中在少數人民的手裡，這不僅確定了一個不可容忍的專制，而且必然要走向最大的經濟不公平。現代蘇俄的富與貧的百分率的區別比任何其他文明國家都大。

羅氏祇承認經濟權力是各種權力形態的一種，這是絕對正確的。早在他一九三八年所寫的《權力》（*Power*）一書中，他便把權力分成六種，同時他在論經濟權力的一章中，更強調經濟權力與政治軍事權力的相互依賴性，並指出在原始時代人們是從軍事權力獲得經濟權力的，經濟權力重要性之增加乃是近代的事。這與桑巴特（Sombart）的看法不謀而合，極具卓見。此亦馬基佛所以一再強調「經濟自由必須是相對的」也。

文化自由主要是指言論、思想、教育種種精神上的自由發展。羅素告訴我們：

文化自由自最初雖然祇對少數人是重要的，但最後對整個社會卻有極大的價值。從公的觀點上看，文化自由可以分成兩部分：一方面，一個人不應因持有或宣揚某些異於政府的見解而遭到不幸；另一方面，教育不應使受教育者失去其本身原有的思考能力。

這兩點無疑也是針對共產國家的文化狀態而發的。共產黨人迫害個人的異端思想固不須說，但這還不是最可怕的，最可怕的是它的教育根本使人失去思考的能力，那就是一般人稱之為「施教」（indoctrination）的教育。這是過去歷史上所從未有過的現象。共產黨人知道，僅僅迫害個人的異端思想乃是治標的，此所以中古教會終不免於失敗。最有效的辦法則莫過於斬草除根，不讓兒童們獲得可能產生異己思想的知識。這樣一來，文化思想上的清一色局面便不難造成了。到了這時：

少數統治者對多數人的利用方式的可能性將是無限的。而且，再也不會有什麼新思想需要予以懲罰，因為根本就沒有可懲罰的新思想了。

羅素是一位具有歷史眼光的哲人，他對於這一點倒不悲觀。因為他知道阻礙新思想的創造的結果，社會一定走上僵化之路；因此他預言道：

如果誰能想像蘇俄政府猶如古埃及和巴比侖的政府一樣可以持續三千年的話，顯然，在此期間俄國是永不會有重要的新思想發生的。三千年後西方的考古學家研究俄國一定像他們現在之研究南海的島嶼一樣；他們看到許多處早已不存在的古怪的過去遺物。

又說：

一個如此遭受奴役的國家固然可以在一時表現出統一的力量，但很快地，那些還保有文化創造力和科學進步的能力的國家便必然會超過它的——那就是說，如果還有任何這樣的國家存在的話。

羅氏所感到危險的倒是在我們自己一方面：

但是這裡也恐怕有一個真正的危險：其他國家因受蘇俄威脅性的恐嚇、麻醉和誘惑，可能竟完全忘記了文化自由的價值，而和蘇俄一樣地使文明停滯不前；因為如果蘇俄堅持她目前的方式的話，此種停滯是必然要到來的。

我們不能不承認目前西方民主國家，特別是美國，因為過分重視政治軍事等現實方面反共的結果，頗有看輕文化自由的真實價值之趨勢。事實上，今日國際鬥爭的新局勢遠非以往歐洲各國間軍事政治上的舊衝突可比；文化思想上的鬥爭實占據了最重要的地位，如果自由世界不能在這一方面多加注意，認清文化自由的內在價值（intrinsic value），而僅僅把它和政治軍事上的利害等量齊觀，甚或看作更為次要，那麼我們很難想像自由與奴役的鬥爭的最後勝利究竟誰屬。羅素為此特提醒我們道：

> 但是我也並不是僅僅把文化自由當作一種贏得戰爭的手段而鼓吹它的。誠然，實際上它是達到這種目的之手段，這是一個重要的事實。然而文化自由的主要價值卻並不在此。它是藝術、文學、科學中一切輝煌成就的泉源，也是個體人格中所有最好的品質的泉源。人類的世界上若沒有它，便將變成遲鈍而愚蠢，不會比一群螞蟻高明到那裡去的。

看了這一段話，難道我們還不明白文化自由乃是區別文明與野蠻、人類與禽獸的唯一標準嗎？

五

以上我們把羅素的〈自由是什麼？〉一文中的最核心觀念做了極簡要的介紹與闡釋。此外羅氏全文中還強調一點，那便是自由與混亂（anarchy）之間絕無必然關係。所以他一開始便說明：「僅僅製造混亂狀態，世界仍是無法獲致最大可能的自由，因為在那種情形之下，強者將會剝奪弱者的自由。」不但如此，他還處處為我們證明：真正的自由愈多則社會愈有秩序，而自由愈少社會混亂的程度倒反而愈厲害。這一點頗能袪除一般人對於自由的誤解。因為篇幅關係本文不擬多及矣！

最後，我願意把他對於自由的展望介紹出來，藉為結束：

我不能因為愛好勻稱的緣故，而以中立的姿態出現於蘇俄和西方之間。我認為西方比蘇俄任何一件事都要有更高的價值；首先，西方有著更多的自由。但我認為最重要的是我們瞭解在最後決鬥中，它可能有喪失的危險。我不承認，指出西方對自由的不必要的損害的人便是表現了不忠。相反地，這樣做的人卻真是對我們所珍貴的勝利有了絕對需要的貢獻，而我們之所以捨蘇俄的制度而取西方的制度也正是如此。

西方制度所根本代表的乃是信仰政府係為個人而存在，而不是個人為政府而存在。但此一原則現在已到了存亡安危的關頭。我想不出，對於人類的未來，還有何比這更重要的事情了！

附錄二

自由是什麼？[1]

羅素 著
余英時 譯
許冠三 註

1 編按：本文原刊於《自由陣線》第二十九卷第五、六、八、九期（一九五六年十一月五日、十二日、二十六日、十二月三日）。

一

自由的種類很多；有的世界上太少了，有的又太多了。但若說我們可以有太多的自由，那麼我得接著補充一句，祇有一種自由是我們所不希望的，那便是減少他人自由的自由，如奴役他人的自由即其一例。

僅僅製造混亂狀態，世界仍無法獲最大可能的自由，因為在那種情形之下強者將會剝奪弱者的自由。我懷疑，如果社會制度減少了我們自由的總量，那它是否還是合理的呢？但是，很多社會制度雖然剝奪了某種個體或群體的自由，卻仍然為人看作是天經地義的。

自由的最基本意義乃是個體或群體的行動不受外在的控制，因而它祇是一個消極的概念，而且，單單是自由也並不能給予社會什麼崇高的價值。舉例言之，愛斯基摩人可以沒有政府，沒有義務教育，沒有交通規則，更沒有複雜萬分的公司法，因此他們的生活是高度自由的；然而，文明人卻很少會選擇它而不肯生活在組織嚴密的社會中。

自由對於很多有價值的事情都是必需的；而有價值的事情也都是從享有自由的人們的衝動、慾望和信仰中產生出來的。大詩人給予社會以光明，但人們卻不肯確信，社會之所以會產生偉大的詩篇，乃是因為沒有法律阻礙它的緣故。我們認為強迫青年讀書是應當的，儘管他們絕大多數都不願意如此。這是因為我們信仰積極的福利之故，而這種積極的福利又祇有藉知識之力才能獲得。雖然，自由本身並未構成整個社會福利，但它對於這些福利的絕大部分是極端需要的，（註：自由是人生幸福與社會進步必需的條件。）而且，自由又極易被人愚蠢地予以限制，以致我們難能誇張它的重要性。（註：自由的重要性常常被人忽視，而不是常常被人誇張。）

國家自由

在許多不同的自由中，我們至少可以有兩種分類的方式。第一種是國家，國家之內的社群，或個人所享有的自由；第二種則是經濟、政治與文化的自由。不過後一種自由的界限永遠不能劃分得很清楚。

在十八世紀和十九世紀初期，國家的自由是特別為人們所注重的。其時，所謂「英國人將永遠不會是奴隸」一語，祇是說他們不應在外國人統治之下。其時，人們並不認為強拉水兵一事是干涉了自由；其時，人們很容易因為過激意見而被處流刑，但人們還是認為英國是自由的，不以為把英國看成一個自由國家是矛盾的事。

免於「自由」的自由是我們所尤為嚮往的。當愛爾蘭人獲得自由時，他們隨之得到的好處之一，便是對閱讀羅馬天主教會所憎惡的書籍底「自由」之消失——這種「自由」乃是野蠻的英國人一直加諸愛爾蘭的。（註：愛爾蘭人本信奉天主教，被英格蘭征服後，英政府即強愛爾蘭人信奉英國國教。就英國人說，此為信仰自由之表現，因英國人不必信義大利人之天主教。但，就愛爾蘭人說，信仰自由已被剝奪。羅素所說免於「自由」的自由，即免於此類有名無實的「國家自由」的自由。）

無論在哪兒，祇要那個國家還沒有獲得自由，它便將永遠盡力爭取之。在目前，爭取國家自由實是北非和亞洲，那些還未獲得是項自由的地區的主要目的。人們追求國家自由的願望是如此急切，因而如果某一國企圖統治另一國，便一定要造成危險的不安。

這並不能說一個國家不應受任何控制，儘管許多人認為國家自由是絕對的。由於許多國家在一起已形成了一個國際社會，因此個別的國家便要受法律的控制，正如個別的個人在國家的社會之內一樣。不過國際的控制與帝國主義是大有分別的，正如刑法的控制之不同於奴役。在反對帝國主義的反應上，那些從帝國主義勢力中解放出來的國家，很容易要求享有不受任何控制的完全獨立，這種要求實際上是祇能導使世界走向混亂的局面而已。

我們認為列強對此幾乎都該受責，它們都想把自己造成國際權威的地位，直到它們感到確然可以支配世界局勢時為止；這樣，它們便成為帝國主義的變相延續了。亞洲和非洲的問題已日益尖銳了，這些問題的解決，需要一個能夠被普遍接受的觀點，但迄今日止，這個觀點無論是在大國或小國，都還不曾出現。

例如蘇彝士運河的問題，它便沒有理由應為英國所控制，但我們也找不出任何理由，這樣一條具有國際重要性的水道祇應該讓它附近的國家來掌握。如果說，附近的國家有權控制她，這豈不等於說，住在一條通衢要道左右的人們，如果覺得必要如此，便該有權利在路上建築起障礙物一樣嗎？顯然的，在這道理上說，蘇彝士運河是應由國際權威來管理的。同時，巴拿馬運河的控制也當如此。在一種公正的制度下，倘若埃及人享有共管蘇彝士運河的權利，那麼，他們同樣也得分享共管巴拿馬運河的權利。我不認為這樣的建議能在目前贏得人們的接受，不過祇有這樣做，埃及的問題才能獲得充分的解決。

社群自由

一個國家之內的附屬社群的自由是很困難的問題。如果這個社群是在地理上集中一處的話，那麼這問題可以藉著聯合權威的內在演進而解決之。但如果這個社群是分散各地的話，那此種解決辦法便根本不可能了。

許多爭取自由的鬥爭都和這類社群有關，最初是宗教團體，接著又有工會、壟斷集團，以及托拉斯等。通常總認為資本家應有結合的自由，而工人則否。但目前流行的觀點都恰恰相反，即認為工人可以自由的團結起來。其實這兩種看法都不是合理的，祇不過是主張階級鬥爭的一種看法而已。

盧梭曾指責附屬的一切自由，因為他認為此種自由妨害了人們對國家的效忠。極權主義的國家也持同樣的見解。在蘇俄，雖然名義上有工會的存在，實質上它不過是政府的一個部門而已。它絕對沒有罷工的權利，而集中要求增加工資更是不可能的事。相反地，在西方國家，工會逐漸地獲得了自由，且幾乎成為獨立的力量。顯然，工會的力量正如主權國家（註：國家自由。）一樣，也應當受到若干限制，但現在西方大體上已承認像組織工會這一類社群的自由，並允許它們做廣泛的集體活動，已經成為我們所謂的自由的主要內容了。其實，如果他們的工會也像在蘇俄那樣受到限制的話，西方工會中的共產黨徒或其同路人，一定會感到無法忍受。

在整個西方世界中，興起了一個急迫的問題，那便是以摧毀自由為目的之社群應否也同樣享有自由？

對於要以專制代替民主的企圖，民主還該予以容忍嗎？容忍應該給予那些主張不容忍的人嗎？

那些敵視出版自由的人們也該享有出版自由嗎？

更重要的，國家應該允許旨在使其受外人統治的有勢力社群之形成嗎？

對於這些問題，西方國家曾給予各種不同的答案。有的還准它們有更多的自由，有的則否。我認為我們還無法根據一種清晰的原則來解決這些問題。概括的說，這種叛亂性的社群的危險性愈大，它們的活動便愈當加以干涉。不過危險的是：受驚的人們將忘記愛好自由的大原則，而為了安全的緣故，會做過分的鎮壓。我想英國已經避免了此種危險；而美國卻沒有避過。但由於對此一問題的贊成與反對底理由已經彼此均衡了，因此也很難產生任何一種清晰的政策。

個體自由

個體自由是與社群自由相對待的，在過去它是自由的最重要的部分。但在現代的世界中，除非作為團體的分子，個人就很少能夠有多大影響，因之，社群自由的問題便較個體自由的問題來得更為重要了。

十八世紀時，很多人都信仰「人權」，也就是個人的權利，但對於和政府或大多數人的目的相矛盾之組織的權利，卻不予維護。雖然現在個體自由已比較地沒有以往那樣重要，但它的重要性依然遠在人們所瞭解的之上。佛教、基督教、馬克思主義都是從個人發端的，但在極權國家中他們都不可能產生。伽里略受了異端審判所的虐待，可是若與現代極權國家的虐待方法比較起來，還是小巫見大巫哩。他並沒有處死，他的著作沒有被焚毀，而他的門徒也未曾受過清算。

認真地說起來，直到近代，尤其是第一次世界大戰結束以後，迫害才成為科學的，並能夠發揮它的效力。迫害有獨特見解的個人所造成的災害是什麼呢？它使人們對於任何一種進步，無論是道德的或學術的，在起始時便感到驚恐。因此，社會既無法容納非常的意見，它必然成為停滯而不進步的。

舉例來說，假使你認為夫婦之間若互相仇恨，這種法律上的束縛持久下去對人類也沒有什麼好處，因此彼此同意離婚應該是可能的。或者假使你認為一位孕婦，根據名醫的看法，如果她不打胎的話，便一定會死，但我們不應讓她死去。若果你僅僅持有這些見解而不外露，那你不會得到什麼害處的；一旦你將這些意見公開表示出來，那麼，巨大的反對力量便要向你襲擊了。如果你是美國大學裡的教師，你將很容易被解聘，如果你是一個從事政治的人，人們將不會選舉你。如果你是一個新聞記者，則祇有少數無名的左派報紙會聘用的。如果可能，有組織的殘酷勢力是會毀滅你的。當然，倘使你個人有辦法，或者你是一位成名的作家，這些勢力對你是無可奈何的；否則，你的生命就非常痛苦了。

在人們的想像中，爭取宗教容忍的戰役已經贏得勝利了，因為我們已容忍十八世紀所存在的一切教派；但是對於從那時便興起的許多異端思想，我們仍然是用舊的不容忍的恐怖眼光來看待的哩！

二

前面業已說過，自由還有另一種分類的方法。在此一分類方法中，有三種主要的自由，那便是政治的、經濟的和文化的。

政治自由

政治自由包括兩個不同的元素：一方面，無論何處，如果需要一個共同決定時，這決定應該是大多數的決定；（註：如言論出版、集會結社、選舉等我們所熟知的自由權利，皆是達到真正由多數決定不可少的手段。）另一方面，無論何時，如果可能避免的話，應該隨時準備避免做共同決定。（註：指容忍獨特、容忍異己的自由。）

在今日的蘇俄，這二者都是渺無蹤跡的。做共同決定的不是多數人，而是統治集團。有很多的事情，若在比較自由的社會中祇要給個人處理就行了，可是在蘇俄卻被認為是公共決定的事。

在這裡，人類要求一致的本性之衝動暴露出來了，這種要求甚至根本不是為了什麼社會目的。在學童之間它表現得尤為顯著。如果在一所人人都得戴帽子的學校裡，一個學童若是光著頭的話，他一定會受到虐待的；但若在一所沒有人戴帽子的學校裡，他不光著頭的話，而他又要受歧視了。一千個兒童中不一定有一個兒童會想到帽子的戴與不戴根本是無害的。

文明的人已逐漸跳出這種強迫一致的盲目衝動了；然而也有很多人永遠不能文明化，終其身保持著學童那種天然的迫害本能。如果政治自由存在的話，此種情緒絕不可表現在立法上。我們對毛蒙教徒（Mormons，主張一夫多妻制）的敵視便正是由於此種情感所致。它在習慣的道德法典中並不是一種信仰，因為在亞洲和非洲並沒有反對一夫多妻制哩！（譯者按：這裡所謂的亞洲和非洲應是指著一部分落後地區而言的。）

我不願人們把我看成是贊成一夫多妻制的人，但是對於自由愛好者的真正考驗，卻是來自他所不喜歡的事物上的。容忍你所喜歡的一切是容易的。而民主風度的特徵卻是對你所不喜歡的一切的容忍。

經濟自由

經濟自由在我們這個時代中引起了若干最為尖銳的矛盾。過去一般人習慣地認為在完全的「放任」（laissez-faire）制度下，才有最大的經濟自由，但逐漸地，人們在這一方面的見解改變了。極端的無政府主義者主張謀殺者與盜賊的自由，但絕大多數人卻瞭然，如果犯罪竟不受限制的話，那麼我們所有的自由必大為減少。早期的英國工業制度允許無限制的雇用童工，最後使整個社會的良知都為之震驚。至於成年的工人，在工會還是不合法的時候，他們的自由也祇是在雇主的條件與飢餓之間的選擇自由而已。但是奇怪得很，這種自由的方式享有它的人卻對之沒有很高的評價。

其實，經濟自由的正確意義，並不是讓任何人在經濟園地內做任何他所喜歡的事，而毋寧是使人從經濟的強制中解放出來，祇要他的行為顯然沒有忽視公共利益。實際上就是說，如果一個人是守法的，而且願意工作，那就絕不能讓他受餓。「放任」不能保障這種結果。人們曾希望社會主義可以做到這一點，但蘇俄式的社會主義對它的摧毀竟遠比資本主義最殘酷的時代還要厲害。

一個為當局所憎惡的蘇俄工人，他的配給證便要被削奪。如果當局認為這種懲罰還不夠的話，那就會把他送到集中營去了。我想不出在過去的歷史上，哪裡還有像今日蘇俄這樣少的自由。

相反地，英國的社會主義則是趨向增加工人的經濟自由。我想，真正愛好自由的人都應該歡迎這種結果的，雖然它減少了資本家的自由。因為資本家和竊盜一樣地都是少數，他們的自由是為了人多數人的自由才受到限制的。但是我不想說，經濟自由的問題在英國或他處已獲得完全的解決。

文化自由

文化自由在最初雖然祇對少數人是重要的，但最後對整個社會卻有極大的價值。從公共的觀點上看，文化自由可以分成兩部分：一方面，一個人不應因持有或宣揚某些不同於政府的見解而遭受不幸；（註：或多數人所持見解。）另一方面，教育不應使受教育者失去其本身原有的思考能力。（註：還得啟迪培養。）

讓我們來看蘇俄在這兩方面的情形怎樣。如果你鹵莽得竟至同意一切有學問的遺傳進化學者對遺傳學的說法，那你就會被送到北極的荒地中，在極惡劣的條件下，從事開墾運河或金鑛的工作。但如果你是在蘇俄學校中受教育的人又怎樣呢？

那你就會一年一年地為強烈的宣傳所麻醉，以致你或將成為一個完全適合於蘇俄正統的人，而不可能具有任何異端的思想，猶如你不能倒立一樣。

蘇俄還有些人是在現行學校制度尚未完成之前成長的，因此政府認為還需要對異己分子加以迫害；但是等到所有的人都受到學校裡「學習」（indoctrination）的充分恩惠時，那就不會有異端分子了；而蘇俄政府也就能夠順利地來一個表面的文化自由的復活，這種自由是通過教育程序所造成的徹底之心理奴役而獲得的。那時，每個人所信仰的一切，將都是政府當局認為可以讓人民去信仰的了。

那時，少數統治者對多數人的利用方式的可能性將是無限的。而且，再也不會有什麼新思想需要予以懲罰，因為根本就沒有懲罰的新思想了。一個如此遭受奴役的國家固然可以在一時表現出統一的力量，但很快地，那些還保有文化創造力和科學進步的能力的國家，便必然會超過她的——那就是說，如果有任何這樣的國家存在的話。

但是這裡也恐怕有一個真正的危險：其他國家因受蘇維埃威脅的恐嚇、麻醉和誘惑，可能竟完全忘記了文化自由的價值，而和蘇俄一樣地使文明停滯不前；因為如果蘇俄堅持她目前的方式的話，此種停滯是必然要到來的。

但是，我也並不是僅僅地把文化自由當作一種贏取戰爭的手段而鼓吹它的。誠然，實際上它是達到這種目的的手段之一，這是一個重要的事實。然而文化自由的主要價值卻並不在此。而在於它是藝術、文學、科學中一切輝煌成就的泉源，也是個體人格中所有最好品質的泉源。人類的世界上若沒有文化自由，便將變得遲鈍而愚蠢，不會比一群螞蟻高明到那裡去的。

有人說戰爭是需要的，因為它可以把人類最好的品質表現出來，我不相信這種說法。但我認為有價值的競爭方式是有的。真正有價值的競爭方式乃是使失敗的一方不受到嚴重損害。體育運動和政治上的競爭、藝術和文學上的敵對，以及學術問題的論戰都是好的（不過政治競爭必須附加一個條件，即這種競爭祇能停留在憲法約束的範疇之內，否則便也帶上幾分戰爭的罪惡了），所有這種競爭，除了體育競爭之外，都有賴於文化的自由。

三

現在讓我們更廣泛地討論一下各種自由的好處何在，以及何以自由之多寡和無政府狀態的程度是成反比的。這裡，我們的討論要從個人的自由開始。

個人自由

關於個人，重要的是他應該能夠做他認為重要的事，同時，如果他的工作是有社會性的話（按：如著書立說之類），他便應有發表的機會，讓人人都可以知道。（註：此所以人必須有思想、言論、發表、結社、旅行、擇業……等自由。）如果他能夠維持生活的話，他的工作應該有所報酬的問題倒並不重要。甚至，如果他是被允許從事他的工作的話，他便不應遭受懲罰的問題，也根本無關重要，蘇格拉底之被處死，對他的工作是有極大幫助的。倘若不是這樣，他的影響力將不會有如此巨大。但要是今天蘇俄有一位蘇格拉底，那一定是在他還很年輕的時候便已被處死了，而且也絕不會有柏拉圖來將他的學說傳布於世的。

人們常說殉道者的血是教會的種子，但那不過是在當權者迫害殉道者的技術未達到它現在的效能之前，這種說法是對的。如果根本沒有人知道你曾說過什麼，也沒有人知道你曾殉了道，那麼，你想散播的任何種子都是落在岩石地上而且在未結果之前便枯死了。

倘若一個人可以從事他的工作，而又能使之為人們所知道，如果他真的具有創造性的話，那他對於他個人的命運是不會太困惱的。但是在現代的世界中，由於它具有更高程度的組織和更有效力的警察，因此，過去偉人逃避小官僚們之限制的那些路徑已經完全不再走得通了。

是以，個人自由的問題，在程度上，但非在性質上，乃是一個新的問題，在人類歷史上，從來不可能有過像現代極權國家這樣徹底的文化奴役！

我們且看看俄國在這一方面的情形。我們總認為沙皇政府是一種專制政治。但如果和俄國今天存在的政府比較起來，它又顯得多麼無力和脆弱呢！屠格涅夫、托爾斯泰和朵斯陀也夫斯基都曾先後與沙皇政府鬥爭過。並且，朵斯陀也夫斯基曾被送往西伯利亞，但後來他因為在女皇的生日寫了一首讚詩，所以又被釋放了。屠格涅夫則在外國度著舒適的生活。托爾斯泰因受到全世界的尊榮，沙皇政府根本就不敢動他。所以，雖然有專制政治的存在，十九世紀的俄國在文學上的成就依然是輝煌燦爛的。

但在今天，這類的事情已絕不可能了。屠格涅夫認為農奴也同樣是人，他們的情感和知覺和他們的主人並無不同之處，因此他為之困惱不已。如果今天的蘇俄文人對於集中營裡的人們也抱此同樣見解的話，他的著作一定不會出版的。而他本人也就得嘗嘗集中營生活的味道。他的妻子和家庭便會挨餓，任何他所希望的事物也都無法獲得。所以，俄國的文學，過去是那樣的光輝，而今卻根本不存在了。

在其他方面，情形也完全一樣。達豪博教人（Doukhobors，按：係俄國農民中的一種宗教共產派。）為沙皇政府所憎恨，因為在宗教的立場上，他們拒絕服兵役。和平主義者的托爾斯泰卻出來為他們辯護，因此他們才被允許移居加拿大。在現在的政權下，他們是一個也遷移不了的，同時他們若不改宗的話，便免不了都要失蹤。

在歷史上曾經有過光榮的國家，除了純軍事方面之外，事實上也都是有意無意地給予了個人很大的自由。在希臘的偉大時代，雖然很多的政府都是專制的，但每一個政府所統治的區域甚小，所以逃避依然很容易。希臘思想中很大的一部分是得自波斯或希臘半島諸城市之難民的。然而，難民的生活並不必然是艱苦的。如果你被你自己的城邦所驅逐，而避難到敵對的城邦，你還會獲得所有該城主要人士的歡迎呢！

當然，同樣的事情也可以發生在一位俄國人的身上，即他也可能幸運地逃出蘇俄國境；但從蘇俄那樣大的國家逃出來，比逃出希臘城邦的困難是不可同日而語的，因為希臘城邦從沒有大過英國的郡。等到羅馬在古代的世界中建立起秩序之後，偉大的個人也就立刻消失了。

歐洲第二個偉大的個人時代是義大利的文藝復興。那時的義大利，在政治上也和希臘相似，包括著許多永遠在相互鬥爭中的小國家。同樣的，及至西班牙取得霸權並建立起新秩序時，偉大的義大利人的時代也就此結束了。

除了產生偉大的作品之外，自由還有更廣泛的價值。它可以使一個人保持自尊、頂天立地的站著，並做他的良知認為他應該做的事。（註：當然不得妨礙減少或剝奪他人的個人自由。）但在現代的世界中，這種自由衹是屬於很少數人的。（註：其餘個人的自由都被這少數人剝奪了。）在自由的社會，各個個人爭取自由的機會與權利，應該是相等的，所享有的自由當然未必一樣。

如果一個人不準備餓死，他必須尋找工作，甚至有時逼得做違反人類利益的工作。（註：因有許多限制，使一個人不得不如此。）如果你是一個新聞工作者，而又信仰社會主義，你卻必得為一家反動報紙做事。如果你是一個和平主義者，而又是鋼鐵工人，你卻必得製造軍備。如果你是一個同情亞洲的人，而又是政論家，你卻不能不噤若寒蟬，或者停止你對於使人們瞭解亞洲真相的努力。祇有享有獨立收入的人才能免於此種束縛。（註：此所以人不能不有經濟自由。）我懷疑，如果達爾文的生活是仰賴於教會中學院的雇用，他是否還能為他的學說戰勝他所遭遇到的宗教偏見的打擊？

政府與自由

目前局勢的嚴重是提高效率的結果。政府幾乎隨時隨地都在盡一切可能以阻礙文化的發展，而且，現在的干涉要比過去容易成功。

政府干涉的限度，各國差異甚大，英國的干涉在多數大國中或者要算是最少的了。然而，即使在英國，許多與性的問題有關的有用知識都祇能對那些教育程度很高，可以瞭解高深理論的人們才公開，而一般開門見山的性底描寫卻被警察和司法官們認為是淫猥之詞。

在美國，其干涉便較英國為多。每一個瞭解中國情形的人都知道，一九四五年以來的美國對華政策是錯誤的。可是反動派卻唯恐此種事實為人們所知道。他們如何才能做到這一點呢？唯一的方法便是指控每個對中國有任何瞭解的人為共產黨或共產黨的同路人。這使得美國的官方極為恐懼，而美國的政策也就完全聽命於無知者的支配了。

不僅如此，在任何方面與美國官方有絲毫關係的任何人，如果他敢，甚至在朋友的私人談話中，批評美國的政策，那他一定便有被解職的危險——當然，除非他是站在麥克阿瑟、麥加錫和「中國說客」的立場上批評的。那就是說，唯一可以允許的批評——據瞭解中國的人的意見——乃是使美國的政策比以往更糟。

這祇是由於缺乏自由而造成的眾所周知的害處之一例而已。政府總以為它們是可以壟斷智慧和美德的，誰反對它們，誰就成了愚人或壞蛋，再不然二者具兼。但這種想法幾乎永遠是錯的，因此它便有害了。

在美國，這種對自由的干涉仍祇是最初的層級，而我也希望它會停留在此。要窺它的全豹，我們必須轉過來看看納粹的德國和蘇俄，在自由的問題上，蘇俄甚至比納粹德國壞得更厲害。納粹德國尚容許相當程度的國外旅行，也允許外國人在德國旅行，如果對他們沒有什麼特別反對的話。而蘇俄卻不准任何俄人，甚至外國人的妻子逃走，外國人被允許到俄國旅行的，僅僅是蘇俄當局認為他們是無害的或容易受騙的人才行，而他們所能看到的也祇是蘇俄當局認為可以給他們看的而已。

一切宣傳方式都在絕對控制之下，因之許多對於西方國家的幻妄的想法在蘇俄都很普遍。如果你告訴一位莫斯科的居民說，西方城市中有地下鐵道，那他一定要用憤怒或是憐憫的眼光來看你，因為據他想，若你不是企圖欺騙他，便是你自己受騙了。

蘇俄專政的特徵之一，是它的專政伸展到大多數人認為根本超出政治範疇的事物上去了，除了共產黨人外，西方人誰也不會想到後天獲得性（acquired characteristics）的遺傳問題有什麼政治的重要性；同時，如果一個西方人不曾聽過李森柯（Lysen Ko，按：係蘇聯黨的生物學家）的辯論，而被詢以對這個問題的看法究竟何者屬於左派，何者屬於右派時，他一定會不知所答的。當然你也不會知道，如果一位作曲者所作的調子不能史斯大林愉快的話，他便必然被認為是一個布爾喬亞的反動分子。

我不知道邱吉爾或艾德禮的音樂是什麼，但是我不相信所有我們的作曲家都會高興，如果政府的改變便要強迫他們改變其格調的話。雖然，即使如此，也還要比現在的蘇俄好，因為在蘇俄，政府根本就不改變。

缺乏自由的結果遲早必然要走上僵化之路。新的思想對於大多數的人是不歡迎的，因為它們破壞了習慣。它們還可以改變社會的平衡，但通常有一種危險，即新的思想可能在社會上起破壞的作用。

公元前三千年，美索不達米亞（Mesopotamia）即在數學上有了極有價值的發明，但是它的社會制度凝固了，因此直到後來希臘人的時代，數學才獲得更進一步的發展，在希臘，除了斯巴達之外，從來沒有一個政府是有夠得上阻礙新思想之創造的。

如果誰能想像，蘇俄政府猶如古埃及和巴比倫的政府一樣可以持續三千年的話，顯然，在此期間俄國是永不會有重要的新思想發生的。三千年後西方的考古學家研究俄國一定像他們現在之研究南海的島嶼一樣；他們將看到許多他處早已不存在的古怪的過去遺物。那時俄國人無疑還是仰賴於原子彈的，但其他的國家看這種弱小的武器已如我們今天之看弓箭一樣了。

為了在戰爭方面獲得戰勝蘇俄的優勢，西方國家祇有給予科學家們以自由，並靜候蘇俄落後，由於缺乏自由而使得她自身在每一種技術效能上都絕無希望地落在後面。

但是，我並不想鼓勵不適當的希望，蘇俄將允許我們有足夠的時間嗎？或者，我們自己將可保有必需的自由嗎？這些都是絕然無法確定的事。

我不否認，有關軍事重要性的事情是需要秘密的，但我認為我們頗有誇大必需秘密的程度的趨勢；同時，我還是認為今天美國的秘密研究所進行的空氣頗妨害進步，因為它構成一種比通常的洩漏秘密還要重大的危險。

自由與思想

自由在政治範疇內的重要並不次於它在思想範圍之重要。政治自由不存在的地方，便會出現有權力的集團，這種集團是能夠阻止或懲罰一切對它自己的批評的。像克倫威爾的聖人團（Cromwell’s Saints）一樣，這種集團可能相信它自己是壟斷了一切美德的，並且是除了公共福利外別無其他目的的；然而，事實上它這種想法確是自己欺騙自己。

享有無限權力的人們，即使不擴展他們的經濟利益，也必然將擴展他們的信條和偏見。實際上，祇有在例外的短暫時期中，他們才不會犧牲無權者的利益而壯大自己。

關於這點，蘇俄也同樣提供了一個顯著的例證。由於一種純粹知識上的錯誤，馬克思才想像如果私有財產一旦廢除，經濟的不公平便可消滅。他之所以造成這個錯誤乃是因為他不瞭解財產祇不過是權力形態的一種而已。同時，廢除了私有財產，卻把權力集中在少數人的手裡，這不僅確定了一個不可容忍的專制，而且必然要走向最大的經濟不公平的。現代蘇俄的富與貧的百分率的差別比任何其他文明國家都大。在蘇俄軍隊中，軍官與士兵待遇相差的懸殊足可以使美國人震驚，但共產黨人卻依然說美國是財閥政治的國家，而蘇俄卻是無產階級利益占優勢的國家。

一百五十年前，當英國人為法國大革命所驚駭的時候，英國工業城市中新興的無產階級曾受到可惡的壓迫：他們在政府裡沒有發言權，他們被禁止集會，同時還不讓他們識字；但即使在這種最壞的期間，他們的生活還比今日蘇俄無產階級的命運要好得多。他們並未因人為的飢饉而餓斃，或被成千成萬地送往北極的集中營鬱鬱以終。他們還有擁護者可以替他們說話，而最後他們終於獲得了政治權利和經濟保障。

至於今日蘇俄的無產階級，除了尚有外在的國家將赤色政權擊潰這一絕望中的希望外，則別無任何希望可言。我想不出人類歷史上還曾有過像「蘇俄政府代表無產階級利益」這一託詞這樣龐大而有組織的謊言。蘇俄政府真正代表的是什麼呢？祇是在它所蓄養的軍警力量支持下，一個比較安穩的集團的專暴權力而已。而此一集團的四周則環繞著汙穢、不幸和痛苦。

在人民投票選擇立法和行政的意義上的民主，其本身卻並不能保證自由。愛爾蘭是存在著民主的，然而人們想讀的大部分書籍，都被檢查官所禁止了。一九二二年以前，當愛爾蘭還未派代表出席英國國會時，它是享有全部的民主權利的；但是國會中大多數會員都係來自英格蘭或蘇格蘭，愛爾蘭人就從未能自由地實現其慾望。民主（註：此處當指早期代議制政府的「民主」）並不必然包含自由，而且，如果這二者有所差別的話，自由倒是比較重要的；這一點是很重要的，我們必得記住。（註：「政治自由」一節所講的第二方面的自由。理想的民主必需能符合自由的要求，此現有民主制度必須求改進之根本原因。是以近年來，英、美思想家多已不滿足於民主政府，而要求民主生活方式了。）

現代的民主國家暴露了若干過去不存在的危機。其中最重要的危機便來自警察制度。當共產黨人獲得了衛星國家的控制權時，倘若他們控制了警察，他們是願意與其他分子組織聯合政府的。有了警察的控制，他們便能逮捕他們所憎惡的任何人，並計劃狂幻的陰謀把戲。他們從參加聯合政府到單獨的控制，主要便是用這種方法的。

這類的事情在任何地方都很容易發生，不過程度上差一點罷了。在美國，誰願意攻擊聯邦調查局呢？然而不在美國的人，誰又能否認聯邦調查局具有一種與美國人民的利益全不調和的法人私利和法人的偏私呢？

除了警察之外，重要的有壓力的團體也能使個人，甚至整個輿論界受到不公允的譴責。一再重複的非難，到最後除了少數例外的人保持懷疑外，大多數人都會相信的。

這確是一種不很容易對付的罪惡。在英國，誹謗法是極其嚴格的，以致公正的責難都得冒很大的險。在阻止不公允的譴責和允許公允的譴責之間，並不易劃一道清楚的界線哩！

更重要的是，在輿論容忍的地方，一個人可能因為發表某種東西而使他受到嚴重的損害；而實際上這根本不是他的真正過錯。如果你住在蘇俄而研究蘇俄的輿論，你的僅有的知識便會使你成為可疑的人物；如果你不被認為是共產黨的同路人的話，那你就得處處小心謹慎。沒有容忍，自由便不可能存在得長久，因為沒有容忍的自由會導致內戰。因此，自由的最根本基礎不僅是依賴於政治制度，而且還得靠下面這一信念的普遍傳播，那便是：所有的意見都該受到尊重，而且無論你怎樣相信你自己的見解，你還可能是錯的。這也是需要教育來維護的事情之一種，雖然目前大多數的教育恰恰與此背道而馳。教育的目的應該是創造開明思想，及願意聽取他人議論而不發怒的雅量，儘管這些議論是要達到我們所憎惡的結果。有大量偏見存在的地方，無論這種偏見是國家主義的、種族的或宗教迷信的，而學校本身卻應自覺地設法減輕這種偏見。我倒主張印度學校中教回教的美德；巴基斯坦學校中教印度教的美德。我也贊成猶太的民族主義者（Zionists）宣揚阿拉伯人的優點；阿拉伯人宣揚猶太人的優點。我更主張西方人承認俄國人也是人類；而蘇俄人也承認所有的西方人並不都是資本主義的僕從。

所有這種重大的具體偏見都是有害的。是它們使得戰爭看來不是一種破壞性的瘋狂。是它們使得正當的人們都贊成迫害。是它們束縛了人性的衝動。也就是它們使得人們把不是為了在人類共同事務上相互合作，而是為了彼此殘殺的這種荒謬行為，所組織的龐大社群都看作似乎是實用而合理的。但是如果教育改變了，所有這些也就會隨之改變的。教育又怎麼會改變呢？那除非政府會改變。我恐怕政府的改變還得等到人們接觸到了苦難的深淵，瞭然於他們目前此種分裂的愚蠢之後，才有可能。

容忍的限度

容忍和其他的美德一樣，也是有其限度的。我無意把容忍的範圍引伸到無是非之分的地步，認為這種制度和另一種制度都是同樣的好；更主張不惜犧牲任何代價反對蘇俄的專制擴展到西方世界。祇要這些危害還威脅著我們的時候，自由必須具有非常確定的界限。

但是展望未來，到有一天狂熱症已經減退時，到國家之間的合作已較現在更有可能了，那麼，顯然地，目前國家所要求的無政府狀態的自由，和強盜與殺人犯所要求的無政府狀態的自由一樣也必然會要受到責難的。有些自由是無法予以容忍的，因為容忍了它們，世界上的自由的總量便會因之而減少哩！

如果沒有制裁謀殺的法律的話，那我們便都得武裝起來，不能單獨外出，永遠在警戒中生活了。有很多我們現在視為當然的自由，將來都會消失的。因此，為了保障自由的利益，我們便得剝奪那危害自由的自由。

在國家自由的問題上，道理也恰恰是一樣的；不過更困難的是無法加強必需的限制。但是，如果文明的生活方式繼續下去的話，我們便必需獲得防止侵略戰爭的方法。這除了產生一個壟斷著所有主要戰爭武器的國際政府之外，我想不出還有什麼其他更好的辦法。這樣一個政府，如果存在的話，便祇應具有防止戰爭的必需權力，除了關於軍備問題外，不得干涉各國家本身的自由。如果有這樣一個政府存在的話，它將可能開始建立我剛才在上面說過的那種教育制度。這種教育制度不教育人們國家主義，而教育人們意識到不同國家的人們的共同點，還教育人們，如果所有國家不做相互反對的努力，而是共同在一起努力的話，他們的成就又可能怎樣。逐漸地，在這樣教育制度的影響下，固執與不容忍都會減少的，而社會自由也會和政治自由一樣地並駕齊驅。

在教育的過程中，應該給青年人接觸到一些他們容易視為極可厭的意見。我的意思並非說，應該要他們接受這些意見，而是說，應該要他們多多考慮這些意見，如果可能的話，並要他們尋出反對的理性論據，不能僅以偏見來反對他們所繼續反對的事物。

有一次，我遇到一個人，他費了半小時的時間痛罵種族的偏見，這是我衷心贊同的。然而，他接著又費了半小時的時間告訴我說：所有菲律賓土人都是無賴。如果他是受過適當教育的人，他當知道這種矛盾了。

自由教育

目前的教育並不是站在消除偏見的觀點上的。大部分的教育都是政府或教會所興辦的。在政府辦的教育中，便教人以國家主義，而教會辦的教育中，則教人以迷信。

在目前的世界情勢中，國家主義是一個較大的危機。我們都教學童們尊敬國旗，可是等到孩子們離開學校的時候，他們已經沒有能力瞭解崇拜國旗的意義究竟是什麼了。

國旗是象徵著對於一個地理集團的優越信仰。祇要這個地理集團很大，它一定希望它的學童們相信，將其他集團的人處死是正當的，如果這些人干涉了此集團的慾望。這種正當的殺人理由是怎麼來的呢？實是來自學童們所隸屬的集團的光榮事蹟。學校便把這些光榮事蹟普遍而麻醉地向學童們灌輸，所以等到孩子們畢業的時候，他們誰也不能對此有什麼疑問了。

你或許說：「但是，無論怎樣，就我自己的國家來說，這種信仰是真實的呀！我的國家比任何其他國家不知要好多少。它總是代表著……。」你接著便舉出一連串的美德。

親愛的讀者，就讓我們承認，在你的國家中，我們完全擁護國家主義的要求吧；那麼，接著必然地就是說，所有其他國家的主義理論都是不應該的，這可錯了，因為縱令你是屬於世界最大國家的人民，其他的國家還是擁有絕大多數的人類的。因此學校中所灌輸給學童的國家主義，常常遠非真理，而是謊言。當然，你知道，在你自己的國家內，國家主義是一種真理的灌輸；是以，如果教育的目的是教人以真理的話，其他的國家的學童就該受教向你的國旗致敬。

但，實際情形如何呢？不幸得很，除非在刀尖的脅迫下，否則其他的國家也愚昧得很，而不肯承認你的優越。其實，你倒不如放棄一部分自己的國家主義的教育，而與其他國家彼此平等地交換著宣揚光榮，倒或許更為聰明呢！

個人生活中的類似行為是當然的。甚至，如果一個真正非常優秀的人，人們也不願意他自己誇耀自己的優秀。人們都知道，如果他這樣做的話，他便不受人歡迎了。可是國與國之間卻並沒有這樣良好風度的共同法典，一個不積極鼓吹他自己國家優秀的人，總是被人看作沒有出息的傢伙——當然，祇有當他的國家武力不是很強盛的時候，才會被人如此看待。

所有這些事，都和自由的問題很有關係，因為近代世界中對自由的最嚴重干涉，都是以恐懼戰爭為理由的，（註：在若干落後地區並不如此，獨裁者可以任意干涉自由。）而戰爭的危機則主要歸咎於國家主義。

但此種事實已被理論的幌子掩飾起來了。蘇俄人以為他們是代表共產主義的，而美國人則認為他們是代表著民主。但事實上，這些理論的標幟，雖亦有其真理的成分，然大部分則都是國家主義的託詞而已。

現在蘇俄的外交政策與沙皇時代的區別甚小。而英國自克里米亞戰爭以來，在對德國的恐懼未達高潮的時候，她的外交政策也一直是反俄的。如果自由要存在於我們今日所居住的這個組織嚴密的科學社會之中，那麼，類似現在這種灌輸青年們相互仇恨的心理，以及使他們相信彼此殺害是神聖任務的荒謬的教育計劃必須予以放棄。

祇要侵略性的帝國主義強國存在一天，為了維護國家自由，對這種強國的防衛性的敵視也一日不會休止。但是，既在這樣環境中保衛國家自由，個人自由便不免要遭劫了。

四

社會自由和若干學術的美德緊密地連在一起的。如果某些大集團的人們對於理論上有問題的事物都予以武斷的確定，那麼社會自由便很難存在了。人類的天性不僅相信有證據的事物，而且還相信沒有證據的事物。人們以狂熱的情緒來信奉的，卻正是沒有證據的事物。

沒有人會對乘法表或和倫角（Cape Horn，按：在南美洲）的存在有任何熱情的感覺，因為這些問題根本毫無疑問了。但是在神學或政治理論的問題下，一個有理性的人充其量也祇能認為這一邊或那一邊的是非是微乎其微的，而人們對此卻狂熱地加以爭辯，甚至還不惜以武力所造成的身體奴役，和教育所造成的精神奴役，來支持他們的意見。人們如此習慣之後，對於他們應當感到懷疑的問題，反而予以肯定，而他們也就不再有能力判別這種是非了。

如果你到了交叉的路口，這裡既無路標，又沒有往來的人可以探詢，而你也沒有地圖可以知道那條路才對；你若是一個有理性的人，你將會任意選擇一條路走，等你遇到了人之後，再問路。但是，相反的，如果你是生活在武斷環境中的人，那麼，你或者依然絕望困惑地留在那兒不動，或者，你任意選擇了一條路之後，便武斷地認為你的選擇是正確的，而且即使有機會，你也絕不停下來去詢問別人的。

自由的未來

如果自由要存在於這個世界上，如果人類不想毀滅於無謂的自殺，那麼，我們便得學著像交叉路口上那個有理性的人一樣的做法，而不能像那個武斷的地理信仰者一樣。

西方的教育雖教導了人們在科學方面的正確學術態度。可是在道德和政治方面，人們還以沉湎於囂張和胡鬧的武斷論中為可貴，這種武斷是使得千百萬人死亡的原因。在美國，如果我說世界上有些地方不能實行民主，那我一定被認為是共產黨的同路人；但是，在俄國，如果我說民主對於世界上某些地方是適合的，那我又一定被看作資本主義的僕從，或者是一個「腐朽的資產階級人道主義者」。

我不能因為愛好勻稱的緣故，而以中立的姿態出現於蘇俄和西方之間。我認為西方比蘇俄任何一件事都要有更高的價值；首先，西方有著更多的自由。但我認為最重要的是我們瞭解自由的價值，瞭解它在學術上的地位，並且還要瞭解在最後決鬥中，它可能有喪失的危險。（註：不要為反共而對自由做不必要的損害。以免因求反共勝利而喪失自由。）我不承認，指出西方對自由的不必要的損害的人便是表現了不忠。相反地，這樣做的人，卻真是對我們所珍貴的勝利有了絕對需要的貢獻，而我們之所以捨蘇俄的制度而取西方的制度也正是為此。

西方制度所根本代表的乃是：信仰政府係為個人而存在，而不是個人為政府而存在。但此一原則現在已到了存亡安危的關頭。我想不出，對於人類的未來，還有任何比這更重要的事情了。

附錄三

平等[1]

湯姆遜 著
余英時 譯

1 編按：本文原由人人出版社於一九五三年在香港出版單行本，列為「平凡叢書」第十二冊，譯者署名艾群。

編者的話

正如自由一樣，平等是我們的時代問題，是最令人迷惑，而遭受誤解最多的時代問題之一。什麼是平等呢？是彼此不分嗎？是大家一樣嗎？是整齊劃一嗎？是收入均平嗎？……不是，這統統不是。

那麼，平等到底是什麼呢？湯姆遜教授（Prof David Thomson）在這本《平等》（*Equality*，原書出版於一九四九年）裡，給我們提出了答案。由於篇幅所限，湯姆遜教授的回答並不是十全十美的（未作純理論的探討），然而，卻是非常實際的。本乎英國學人一貫的樸實作風，這本書內並無華美的辭藻，也沒有什麼玄之又玄引人入勝的高論，這祇是歷史的檢討、事實的分析，他是就歷史的發展來看平等的。因此，平等並不是什麼「絕對價值」，為了平等，得犧牲其他一切理想。平等之不能犧牲自由，正如自由之不能犧牲平等。因為，這兩者都是幸福的人生與進步的社會是不可或缺的理想與權利。讀過這本書，我們就會發現，絕對或極端的平等主義，與絕對或極端的自由主義是如何的站不住了。而且，他還為我們指出，平等也不是絕對的，人與人間的平等祇能做到相對與近似的程度。

本書共分七章，第一章是序論的性質，從第二章起，開始逐一討論法律、宗教、政治、經濟以及國際的平等，第七章是結論，指出最後的平等一定是世界性的平等，不祇是英國人與英國人之間是平等的，美國人與美國人之間是平等的；而英國人與香港人，美國人與黑人，以及黑人與香港人之間也都應該是平等的。也就是中國人兩千年前說過的老話：「四海之內，皆兄弟也。」

全書特別強調下列數點：一、平等並不是近代思想的產物，平等概念之出現遠早於近代民主思想；二、平等理想之實踐雖是逐步的、緩慢的，但畢竟是不可抗拒的，愈來愈廣泛的。平等起先祇在某些社會中，存在於少數人之間，可是隨著歷史的前進，平等也在發展，平等的理想乃由法律的範疇，走進入宗教的、政治的、經濟的、國際的範疇，由一個地區擴張到許多個地區；三、不可避免地，平等必及於整個人類；四、平等理想的價值不是絕對的，平等是構成幸福人生的因素之一，但是它並不等於幸福人生，它還得與其他的人生理想調和、配合，並互為生發，才能發揮其真實價值；過分強調平等是缺乏根據的，是有害無益的。全書在在強調此點，頗足令人猛省。

假定，中國知識界早三十年讀到這本書，恐怕就很少人會中共產主義的「經濟平等」之毒，並相信共產國家是存在著平等了。

第一章

平等問題

第一次世界大戰結束時，布萊斯爵士（Lord Bryce）在他的《現代民主》（*Modern Democracies*）一書中曾說過：「平等的概念乃是產生民主理論的最主要因素，而民主制度所犯的錯誤，也一半是由於人們對此一觀念的誤解而起。」雖然，這個警告是這樣的遠慮而及時，但人們通常卻都認為平等理想至少是出乎英國民主方式和傳統以外的——是幻想家和烏托邦主義者們的玄想而已；它與英國人所瞭解的政治民主、宗教自由和公民權利等概念的長成，殊少關係。因此，葛拉斯東

（Gladstone）才會說：「在形成英國政治制度的政治思想中，以愛平等一觀念的成分最少。」雖然平等的理想直到葛拉斯東死後，才在社會生活經濟生活的範疇中獲得更驚人的擴展，但他這番話是與當時的事實不符的。

甚至到了一九二〇年，布萊斯氏仍然以為經濟平等問題與他的《現代民主》討論無關，而在該書中不予討論。他宣稱：「民主祇是一種政體，而不是政府所可能考慮追求的一種目標；它與經濟平等無關，因為經濟平等可以存在於任何政體之下，甚且在某種其他政體之下，還可能實行得更其順利。」直到一次世界大戰以後，在西歐，一般人對民主的瞭解才改變，不再認為民主根本或僅僅是公民與政治權利的事體！至於，像法國抗戰軍於一九四四年的《抗戰憲章》（*Resistance Charter*）中所呼籲的「建立一個真正的經濟和社會民主」之有力要求的興起，祇是近三十年來的事。這時，平等問題才特別成了一個「時代問題」。

近年來，在民主理論的各個面中，平等的概念仍是最少受到民主理論家注意的一面。顯然，它已為政治理論家所忽視了。這是很有意義的，從世界經濟恐慌的那年開始，祇有英國有兩個值得注意的例外：那便是一九三一年武爾夫先生（Leonard Woolf）所著的《大難之後》（*After the Deluge*）第一卷的發表，和陶奈教授（Prof. R. H. Tawney）之《平等論》（*Equality*）的問世。武爾夫論證平等概念在十八世紀民主革命運動中居最重要的地位，陶奈教授則探索平等理想在社會經濟改革實踐中的意義；其中有許多改革自此以後便已見諸實施，而成為現代民主社會所已承認的各種功能之一部。但那是十七年以前的往事；這些年來，儘管民主國家應該如何一節，在我們正常運用的觀念中已有改變，但是關於平等主義的有系統的著作卻依然很少，甚至根本沒有。這本小冊子當然不敢奢望能填滿這樣大的一個空缺。它祇擬提出這整個問題，來說明此一「時代問題」的重要性，並建議一些能解決的線索，俾得藉此而獲致更接近現代平等理想的定義。

但是，以為平等的意義即為民主理想之錯誤概念傳播得太廣了，因此，我們第一步不得不從反面討論起，即：平等不是什麼？

第一，說人們是平等的，並不意味著他們是彼此不分的（identical）。即在它的最基本的數學意義上，平等也沒有同一的意義。沒有一個數學家會費時間思考X=X的方程式；重要的是他要知道X=8是否正確。這樣的一個方程式，事實上便是對X價值的說明。在數學中如此，在政治上也是如此。主張平等實即對平等的價值作一說明。哲士特頓氏（G. K. Chesterton）以「一切便士皆平等」來解釋一切人都是平等的意義，其比喻的確特別生動。人之有賢愚之分，正像便士之有明暗之別。但他們終究都有一個平等的價值；因為一切便士都鑄有英王的像，而人人也都具有

「萬王之王」的像。或者，另用一個說法：在政治上如在數學上一樣，平等假定涵蘊著：在顯著的差別之下，存在著若干可辨認的實體或單位；正是藉著這些單位之助，我們才說它們是「平等的」。但這絕不是說這些單位是不能彼此相區別的，實則這些單位卻可以彼此很清楚地分辨出來；不過儘管其間的差異是這樣清楚，但每一單位都有一種「單一性」（oneness）的最終性質。由於有了此種性質，我們才能夠將它們及其分門別類的意義更進一步地概括起來。正是因為有個人性（individuality）這一事實，然後平等概念才有其有意義。

第二，平等涵攝著相似（similarity）之義，但並不是一模一樣（sameness）。這意思是說，人們僅僅在一個重要點——個人性上是相似的；而不是說他們在一般方面都是一樣的，或都能以同一方式處理之。但人事畢竟不同於數學，數目字可以簡單地相互抵消。我們說$X/2=2X/4$，無論X是什麼，在數學上它永遠是正確的。然而，若果X是一個有生命的東西，猶如被抱到所羅門王面前的那個嬰孩一樣，這等式就不再正確了；一個嬰孩被劈為兩半，無論怎麼說，也不能與二嬰孩中的任何一個被劈作兩半的相等。這完全要看你究竟是否是第二個嬰孩的母親。（欲瞭解此例證，請參閱《舊約聖經．列王紀上》第三章十六節至二十八節。）這種人的主觀性存在於一切人事問題的考慮之中，因此，才使得社會科學和政治學說，在性質上，完全與自然科學和數學原理不同。即使上面所討論的那種平等的基本意義可以合理地從數學上移到政治原理上，也必須予以更多的限制，然後才能正確地用之於人類的社會。

第三，平等的理想與整齊劃一（uniformity）是無關的。承認人人都是平等的個人，並不是有什麼意圖或需要，要用任何劃一的方式來處理他們；除非人們有明確的道德要求，自甘於受劃一地看待。自然，此種道德要求究竟算什麼，以及它們究當如何在社會中獲得滿足等等爭論的問題也就接著發生了。這誠是問題的癥結所在，以後我們當再有所討論。

最後，平等主義既已廣泛地與經濟平等的要求相關聯著，而經濟平等的要求又接著與共產主義和社會主義的運動聯繫起來，所以在我們未作有效地討論之前，少數的錯誤概念必須先行除去。共產主義、社會主義、工團主義以及一些類似的反抗工業革命經濟後果所產生的運動，都與「豐富中的貧困」（poverty amidst plenty）這一矛盾（註：指工業革命所造成的貧富懸殊現象），有深切的關係。這些主義已將構成貧富鴻溝的種種原因理論化了，並且在本世紀中，為每一個公民要求「社會保障」（social security）。但其中除巴伯甫主義（Babouvist）運動（在第五章我們將有所討論）外，稍為重要的主義都未曾要求絕對的經濟平等。誠然，最足令人驚異的是共產主義的領袖們也竟如此一致而有力地摒棄了絕對經濟平等的理想，而且即使在遙遠的「真正共產主義」的社會中，它的實行也要受到節制。

正統派馬克思主義的經濟平等觀念已表現在《哥達綱領批判》（*Critique of the Gotha Programme*）一書中。在社會主義的社會中，由於它本身仍具有它所從而產生的資本主義社會的烙印，因此，不平等仍將繼續下去，馬克思說：

> 生產者的權利是和他們的勞力成正比的；平等事實上乃是任何事物都為一個平等的尺度所衡量，那就是勞力，……這種平等權利乃是以不平等的權利給予不平等的工作……在共產社會的更高階段中，等到個人被迫服從勞動分配，因而勞力和勞心的工作區別也消失了之後；等到勞動不是謀生的工具，而它本身已為生活的首要必需品之後；等到生產力增加了，一切合作的財富泉源，配合著個人的全能發展而更自由地湧出之後；這時，也祇有在這時，資產階級狹隘界限的權利才能被遺棄在後面，而社會也才能在它的旗幟上寫上「各盡所能，各取所需」的標記。

馬克思之所以持此見解，乃是因為正如他所說的，他相信「權利永不能高過它所規範的社會之經濟結構和文化發展」。因此他將平等懸之於共產主義烏托邦之遙遠的將來；並且，即使在那兒，由於分配是根據「各取所需」的原則，而需要在質和量上都有所不同，所以，仍然沒有絕對的財富平等。

馬克思的信徒也同樣的強調此點。恩格斯在其《反杜林論》（*Anti-Dühring*）中寫道：

> 平等的要求在無產階級的口中具有雙重意義。它或是——如在農民戰爭剛一開始的情形一樣——對那顯著的社會不平等，富人和窮人，封建主和農奴，及奢侈和飢餓等等的對比的自然反應；就這樣情形言，平等的要求乃是革命本能的簡單表現；它在這些對比中，也僅僅在這些對比中，才被證明為正當。或者，在另一方面，無產階級的平等要求，係起於對資產階級的平等要求的反應，借以從資產階級的要求中引申出更正確長遠的要求來，並用以激起工人的憤怒，而在資本家自己主張的基礎之上，反抗資本家；在這種情形下，平等的要求將與公民權利平等的本身共成敗。

這樣，在恩格斯看來，平等主義是革命運動的一部分動力，但它本身卻並非一個可以達到的理想。其後，到了史大林，問題遂更為清楚，在他所計劃的共產主義制度中，根本便不曾為平等留存在的餘地。他以前曾攻擊齊諾維夫（Zinoviev）的〈關於平等的煽動性的空論〉一文。一九三一年，他說：

無論是誰，若根據平等的「原則」制定薪給標準而無視於技術性與非技術性的勞動區別，那麼，他便根本不懂得馬克思主義和列寧主義。

並且在別處他又說道：

一種人人可獲得同等薪給，同量肉類，同量麵包，與同量的同樣的生產品的社會主義是和馬克思主義無關的……消費和個人生活的平等化，祇是反動的小資產階級的胡說八道而已，這對於原始形態的遁世者或不無價值，但對社會主義的社會絕不相干。

由於社會主義的經濟理想與共產主義的不同係在於「各盡所能，各取所需」，因此，利奇（D. G. Ritchie）氏在一八九五年所說的一段話實是最好的註解：

> 社會主義的國家理想必須依然是柏拉圖的理想，即國家必須被視同一個家庭，在這個家庭中人人都得盡其所能，而取其所需——這理想需要高度的同情心，但它卻與任何抽象的平等原則無關。

因此，我們可以說，除了無政府主義以外，在我們這個時代中已沒有任何重要的政治運動要求抽象而絕對的平等了。不過，若不把平等推展到絕對平等或一致的程度時——它仍不失為一個積極而可行的政治理想。政治思想家早已不以自由的概念乃意味著謀殺和盜竊的絕對自由了，然而他們卻尚未能說明：在政治理論中平等的概念也並無絕對的相似和劃一的意義。絕對而抽象的平等，如果能夠實現，甚或太認真地求其實現的話，都會像絕對自由一樣的，將陷文化和文明於毀滅。但這並無損於自由或平等理想在民主生活和民主社會中有價值之規範性的地位，人類可以藉此規範之嚮導步向追求快樂、繁榮及和平的道路。陶奈教授有過這樣的話：「重要的並不是此種理想應該完全達到，而是我們應該忠誠地追求它。」同時，也如他所補充的，若因為此理想不能獲得絕對的滿足而放棄它的話，那就是「像以不可能絕對清潔為藉口，而讓糞堆髒下去；或以沒有人能夠完全誠實，而否定誠實的重要性一樣」。

如果上說的話獲得了承認，問題便很明顯了：如果我們預先假定平等的目的，在於求致真正的均平、普遍的相似，那麼我們對平等這一民主概念便無法做什麼有效的或建設性的討論了。然而，近年來許多的討論卻正是以此種假定為根據而進行的呢！賈格女士（Muriel Jaeger）在她的《自由對平等》（*Liberty versus Equality*）一書中就這樣建造了一個極易被推翻的草人。她寫道：「平等不是一個程度的問題。它不能像自由一樣，可以多少有一點。無論是人或事，不是平等，便是不平等，儘管他們可以在某些事上平等，在另一些事上不平等。」但這話實在是一個沒有差異的區別。（註：意即平等也是一個程度問題，賈格女士這種區分——硬說平等與自由不同，平等不是程度問題——實在是立足不牢的廢話。——編者）在什麼意義上才能說人是「多自由的」或「少自由的」呢？除非也正是在這同樣的意義上——他們可以在某些方面有自由，在另一些方面不自由。人們已享有公民平等而無政治平等，以及享有公民平等和政治平等而無經濟平等，正和人們已享有宗教自由而無政治自由或經濟自由一樣。名科學家霍爾丹教授（Prof. J. B. S. Haldane）曾說過：「普選權這一重要的制度是為『人是平等的』奇怪教條所支持的」，但「下一世紀的生物學進步使人承認人有先天的不平等」。自然，那「人是平等的奇怪教條」絕不是依據生物學的平等理論的。在生理上，一切人主要都是由水組成的；但沒有一個嚴肅的政治思想家曾經引證這一事實，作為要求人類的政治或社會平等的論據。在平等主義的提倡和實施中，批評家可以攻擊它的地方很多，但他們並不攻擊它的真誠擁護者所從未引用過的那些虛構和幻想的論據。

平等理想有兩個來源，一個是非基督教的——理性的；一個則是基督教的——精神的。它是沿著兩條不同的，但也不是經常可區別的思想路線發展的。前者始於古希臘的斯多伊克派（Stoics）哲學家及其自然律的概念。林賽爵士（Lord Lindsay）說：「他們最早指出了連柏拉圖和亞里士多德都不知道的人類天賦平等的原則。他們說，人雖然有種族、文化和身分等等區別，但每一個人的心中，都有著神聖的理性火花。藉著內在的神聖理性之助，人們便能瞭解天賦人權的基本原則。」

這種概念很容易地滲入了羅馬法律學家的公民法（*ius gentium*）觀念之中，這便是與羅馬接觸過的民族所共有或共同遵守的法律原則；雖然它從未達到與其原意完全相同的地步，但它終不失為一個實際法律制度的理想試金石。

同時，基督教介紹了另一個新的平等觀念。聖保羅在致加拉太人（Galatians）的信中說：「這裡不分猶太人或非猶太人，奴隸或自由人，男人或女人；因為在耶穌的心裡，你們都是一視同仁的。」基督教的教義說：全人類都是一個父親的兒女，耶穌是為全人類而死的。人類的平等便建立在他們對上帝的平等關係之上了。具體地說，基督教會中興起了一個社會，這個社會是沒有了或顛倒了政治社會中之不平等的，雖然後來教會中也產生了一種等級森嚴的教階制度，但它仍與封建社會不同；教士既然來自社會各階層，故即使世俗社會中最卑賤的人亦得享有「事業向一切有才能者公開」的機會。而同時，天主教自然律的概念（一部分來自希臘和羅馬的觀念），則永遠地成為神學中「一切人在精神上都是同胞」的教義。

因此，人類平等理想的第一個要點便是：它植根於歐洲文明的基礎之內，深藏在歐洲文化的基石——希臘、羅馬及基督教思想與制度之混合體中。第二個要點則是：在起源上，它是與天賦人權及自然律的觀念分不開的，是人與自然及上帝的一般哲學中固有的一部分。這兩種關乎平等理想的事實具有特殊的意義，因為它們都與民主根本無關。作為一個可行的理想，遠在我們今日所瞭解的民主理想尚未出現之前，平等便早已存在於歐洲文明之中了。所以，平等問題的一部分乃是解釋人類平等的概念與現代民主理想相連接的方式如何？原因何在？後果又怎樣？

但，這個理想在早期成長中的另一特徵是值得我們特別注意的。利奇曾對此點有生動的說明：

平等的理想是古代社會不平等的遺傳；它是一個貴族思想——這個貴族制度或階級，在某些方面，為了某些目的，相互承認彼此的平等，而同時他們卻自認為他們比國內其餘的人或其餘的人類為優越。平等的概念是從特權的概念中生長出來的；自由的概念也是如此。這兩個概念都是貴族和奴隸社會的產兒。正是因為與屬民和奴隸相比較，人們才第一次感到他們是平等而自由的……平等的概念似乎是一種貴族情感的結果；它是貴族制度經歷了一個必然的過程，而達成的自己的否定。

這些話實含有深刻的歷史真理，以後我們當作進一步的探索。在希臘或羅馬諸城市國家狹小而稠密的社會裡，公民們接受彼此平等的理念是比較容易的；在中世紀封建的土地所有制的貴族社會中，貴族們也能夠接受彼此的裁判；基督教會可視作在上帝眼中都是平等的信徒社會。「一切教徒都在一處，而事事相共」，「無數教徒共有一顆心，一個靈魂」。及至這種人類平等的概念擴展到包括若干不同的社會和所有的社會階層，而不分教徒和異教徒時，它便遭遇到更大的挑戰，並受到重要的修正。簡言之，這些修正便是平等和民主之間的關聯；因為，就我們所瞭解的民主制度來說，它必須先應用於一個民族國家的領域之內，然後才能適用到許多民族國家的整個社會中。

十七、十八世紀是培養現代民主思想的溫床，十七世紀的新教徒（Protestant）和清教徒（Puritan）的運動，使基督教的人類平等觀念為之復活：十八世紀的理性主義運動，則使非基督教天賦人權的觀念重新抬頭，其中包括禁慾派和羅馬的人類平等之概念。雖然它們在起源上、傳統上和精神上都不相同，但經過曲折的歷史過程後，這兩支巨大的力量終於混合起來而產生了近代民主社會的理論。就在這一途徑上，造成現代社會的力量又回到了歐洲文明早先的原則上；而歐洲的傳統理想也為更近代的名詞所重新陳述與瞭解。在社會階級和宗教信仰都不協調的大國社會之實際安排中，平等的意義究竟是什麼呢？這依然是一個最棘手的「時代問題」。

新教的神學不僅產生了「信教者皆得為教士」和個人的良知高越於教條和傳統等教義，同時它還創始了「教民治教」和「選民治國」種種運動。人們常常指出，加爾文主義（Calvinism）推動了兩種相反的社會政治趨勢——即一面趨向民主制度，一面則趨向貴族制度。但無論其傳教的結果如何；它卻有一個基本的原則性概念，那便是：一般社會成員在精神價值和社會權利與義務上都是平等的。和早期的基督教一樣，在新教教會中，外在世界的種種不平等通常都是被消除、被壓制，並被扭轉了的。天主教與新教之間的宗教戰爭，以及新教內部各派之間的爭辯，曾引導出兩種對平等主義成長極關重要的發展。在精神價值和宗教信仰的範疇內，這些發展是逐漸而艱苦的走向寬容之路。任令宗教信仰不同的概念和一個政府、一個教會的原則之廢棄，一部分固是由於政治的無力，但一部分則導源於當時正在成長的一種信念，即尊重個人的、甚至不信教者和無神論者的良知，乃是基督教的責任。在實際政治的範疇中，這種趨勢首先導使政黨的產生，政黨通常是不關心宗教，而祇主張「為良知之故，國家必不可滅亡」的。在此種基礎上，法國在亨利第四以後，英國在伊利沙白女皇以後，便都出現了強盛、統一和中央集權的王朝。在整個十七世紀中，宗教定於一的舊理想又復活了，並且又發生不寬容的事件。（其後果將在第三章與宗教平等的成長合併檢討。）但是人們通常忽略了一個要點，那就是強有力的王朝產生了更廣泛的「社會」意識，此種意識使平等主義能更進一步地擴展，而超越了宗教派別或教會的界限以及社會階級的限制。許多領地都在王朝的名義下，無形中逐漸連成一片。這些領地也就是十七世紀國王的私產；而到了十八世紀，遂轉化成更為團結的國家了。在路易十五和路易十六統治下的法蘭西王國、腓特烈大帝統治下的普魯士王國，和漢諾威王室統治下的大不列顛王國，都成了具有比一個世紀以前更非個人的和更近代意義的「國家」。而政府機構也日趨高度組織化和制度化了；專制君主開始考慮自己必須成為「仁慈的」君主，而且和過去為私人野心或根據一己幻想而努力的君主一樣，遵守著開明的原則，並為人民謀福利。事實上十八世紀的君主要想維持「朕即國家」（L'État, c'est moi）的信念已愈來愈不可能了。路易十四、大選侯（普魯士國王），或查理一世的嚴厲的個人統治，也有助於在他們的人民間創造一種更大的平等，雖然這祇是一種隸屬的平等。十八世紀的比較更不家天下的「政府」打破了更多的特權，並置他們的人民於更現代化的「行政」之下。有意義得很，兵役、所得稅、民眾教育，以及現代文官制度等，都是始於十八世紀，而在十九世紀中獲得極大的進展。

因此，如果原始的平等理想與民主無關，那麼，現代平等化的變異也和民主很少有內在關聯：這種平等化是來自共同服從一種法典、一種行政制度和一種政體。不過，從歷史上說，由於這種平等是與現代的民主理想同時發展的，同時更由於現代民主理想，必須表現於西歐諸民族國家和英國海外殖民地（最初包括美國在內）的疆域之內，所以今天我們幾乎已不可能把這兩者分開了。通過民主政治的手段，法律之前人人平等的「法治」（rule of law）已經成為民主政府的基礎；而通過宗教寬容，公民的和宗教的平等也就成我們西歐許多民族國家所實行了的民主之特徵。雖然這些發展在歷史上是如此錯綜複雜地交織在一起，但是，我們若能將下面這兩種平等理想分析地區別開，也是很有價值的事。這兩種理想是什麼呢？一種是可以在法律上及政治上組織起來，並能用作現代民主政府行動要素的平等理想；另一種則是新教的與清教的個人主義及十八世紀理性主義的個人主義所遺傳下來的比較廣泛的平等主義理想。社會的和經濟的平等——這仍是我們的民主傳統中未曾實現的願望——和十九世紀所已完成的法律的和公民的平等是有著不同的歷史根源的。這些不同以下各章將有所研討。

在未有分別討論平等理想的各個面以前，我們需要先做一個普遍的觀察。在十七、十八世紀那些近代民主倡導者心目中，平等理想與自由理想之間是有著極密切之關聯的。這兩種理想都是從人們對人性的共同信仰和對個人人格的共同尊敬中產生的。蘭波羅上校（Colonel Rainsborough）在一六四七年的普特尼辯論（Putney Debates）中，便以同樣的口吻要求政治自由和政治平等的：

> 無論就神的法則或自然的法則說，每一個出生在英國的人都不能也不應該沒有選擇立法者的權利，因為他必須在立法者所制定的法律下生存，而據我所知，目前的情況，則是在人民法律之下死亡。

一六八八年英國革命的最高政治理論家洛克（John Locke）曾寫道：

要想正確地瞭解政治力量並把它從其根源處推演起來，首先我們必須考慮到所有人是自然地處在何種狀態之下，那是一種完全自由的狀態，在此狀態中，祇要人們認為適當，他們即可在自然法則的界限以內，毋須規避或依賴任何他人的意志，而支配他們自己的行動並處置他們的一切所有。這也是一種平等的狀態，在這裡，一切權力和裁判都是相互的，誰也不會比誰多；再清楚不過，人們都是同類同級的動物，都賦有同樣的自然便利，與同樣的才能運用，所以他們之間應該是平等而沒有隸屬的，除非上帝明白地宣示祂的旨意，要將一個人置於另一個人之上，並顯然而證據確鑿地，賜給那個人一種不容懷疑的統治權和主權。

一七七六年的美國《獨立宣言》，也是根據這同樣的邏輯的：

我們認為這些是自明的真理；即人們具有若干與生俱來的不可動搖的權利；這些權利便是：生命、自由和追求快樂……

十三年後，法國的《人權宣言》，又復肯定了此一信念：

在權利上，人是生而自由並且平等的。

《宣言》接著說：法律

無論是保障或懲罰都應該對人人一樣；並且，在法律上平等的人，根據他們不同的能力，都平等地有資格獲得一切的榮譽、地位和職業，除了他們的品德和才能所造成的區別以外，不再有任何其他的差異。

在一七九三年制定之法國憲法開首的宣言中復有這樣的話：

這些權利是平等、自由、安全、財產，所有人都是生而平等的並且在法律面前也是平等的。

因為十八世紀的歐洲，天主教與封建特權或君權的關係太密切了，所以世俗的理性主義者便無法適當地運用「上帝眼中的平等」這種基督教的術語，來表達他們的民主願望。但他們卻以「自然律」甚至「自然之神」等語為適合的代用詞。他們便用這樣的語句，造成了過激的民主信條，因之平等理想，在某些方面，遂失去了它本來的精神意義，這實在是可悲的。逐漸地，平等的意義竟變成了獲致幸福的平等權利之要求，而根據激進的哲學家的解釋，幸福所關係的並非個人的整個人格，祇是物質利益和享樂而已。正如哈列威氏（M. Élie Halévy）所指出的，一切階層與一切人都有追求幸福的平等權利觀念，在十八世紀確是一種革命性的、可驚的，甚至還有些使人震駭的主張。當邊沁（Jeremy Bentham）要求「人類中最壞的人的幸福和最好的人的幸福同樣是全體人類幸福中不可缺少的一部」時，他實是提倡一種與整個既存的人類社會概念相矛盾的激進的基本的人類平等理論。所謂既存的社會概念是什麼呢？那便是普通人民的福利，並不能對財產權和特權作適當的政治要求，到現在為止，在每一個存在過的社會中，公民資格、身分、性別、社會職務、財富等都被認為是用以區別哪些人配有更多的福利，哪些人祇應有較少的福利的一種適當標準。在理論上與實踐上，為了追求一種沒有這些權利區別的社會和政治制度而努力，實是一種極富革命性的行為。

因此，將幸福的享有在全社會中拉平，便成了邊沁改革者的特殊任務。像查德威克（Edwin Chadwick）之流，才真是近代英國提倡福利國家的始祖。激進的改革者運用議會為基本的立法機構，並通過具有高度權力的特殊機構而努力，終於在濟貧法、地方政府、公共衛生組織，以及其他各種措施中為我們的社會服務打好了基礎。通過家長政治的立法和行政而統治的整體國家，在英國，這乃是世俗的（理性主義的）平等主義的產物。

所以，在法國和德國，近代的公共服務組織，一方面係來自拿破崙式的君主專制的有力傳統，另一方面則導源於普魯士的家長政治。美國因為從未有過高度中央集權的權威，所以在社會服務方面也進展得最慢。專制的中央集權的政府和平等主義的發展之間的關聯，無論在理論上和實際上，都是很密切的。但激進的民主思想中的高度個人主義——幾乎到了無政府主義的程度——的傳統，卻使它和平等的關係不易為人察覺！物質利益的分配是最易為高壓的權威的手段所完成；即使在民主社會中，自由的犧牲也可以促使平等的發展。但難道說此種利益的分配祇有犧牲自由才能獲致嗎？或者，自由之犧牲祇是我們企圖獲致那種錯誤的平等的必然後果嗎？這些根本重要的時代問題，都是近代民主主義者必須予以解答的。如果在歷史上平等和自由真的是民主主義者腦海中的孿生理想，那麼，它二者又何以會分開了呢？我們還可能使這一雙孿生姊妹重新聯合並調協起來，而獲致一種更適合我們這時代需要的新生民主理念嗎？如果民主制度不是內部分裂自相矛盾的，自由和平等之間的連接便極其重要了；一個自由與平等理想共同有效的社會，顯然比這二者一再衝突，或不可得兼的社會真要更為民主些。這兩種理想的關係在本書的最後一章中將討論之；因為它們乃是民主政府進步的中心線索。

第二章

法律平等

平等的意念是深植其根於法律的存在和公平概念中的。梅茵（Sir Henry Maine）在其《古代法律》（*Ancient Law*）一書中對法律上的平等論和平等意念（如所謂「自然權利」）的關係，有精闢的論列，其重要部分如下：

「凡人都是平等的」是許多法律命題中的一種；隨著時代的進步，它已成為政治性的命題了。安東尼時代的羅馬法律學者樹立了「人是生而平等的」

（Omnes homines natura aequales sunt）原則，但在他們眼中，這祇是一個嚴格的法律原則而已。他們想確定：在假定的自然法則之下，並且就成文法近似自然法則的事實說，羅馬民法中所維持的人為的階級區別已經不再有合法存在的餘地了……。如此肯定的表示其意見的法律學者並無意指責一種社會，其中民法偏重實際而理論微嫌不足。顯然，他們也不相信人類社會和自然法度完全參合為一。當人類平等的理論穿著近代外衣出現時，顯然它的意義也已完全新穎了。羅馬法律學者說：「是平等的」，他們的真正意思也確是說「人是平等的」，但近代民法學者所謂的「凡人都是平等的」，其真意卻是說「凡人應該是平等的」。

梅茵氏復在羅馬的民法中找到公平意義的根源。

數之等分，或物之大小，和我們的公平感覺，無疑地是緊密的交纏在一起的，有少數聯想是固執地盤據在人們思想中的，甚或最深刻的思想家也很難免除。但我們追溯此種聯想的歷史，並可知道它並不存在於早期的思想之中，而毋寧是較近期的哲學思想的產物……拉丁文中的「平等」（aequus）一字較之

> 希臘文中的「均平」（levelling）其意義尤為清晰。現在，它的均平傾向卻正是民法的特徵，這特徵，在原始的羅馬人看來，最為奇特……我認為《平等論》（*Aequitas*）中所敘述的民法特色似乎是忽略了二者的分界線和彼此的範疇。據我的想像，這個字最初衹是用以形容羅馬司法制度（praetorian system，按：praetor係協助羅馬執政官〔Consul〕處理司法案件的法官。——譯者）應用於外籍人案件時之不斷求致均平，或消除不規則等情形的。（按：羅馬最初對於境內的外國人是存在著歧視的。——譯者）

公正的意念是一種主要的媒介，藉著此種媒介，自然公道的觀念始得修改了成文法，而同時，成文法也才獲得了調適以應付新的社會需要。它也是法律的與政治的平等概念之間的主要聯繫；人們相信世界上存在著一套法律原則，根據此種原則，所有的人都是平等的，這個信念便是平等在人類社會中成為一個可行之理想的真正基礎。

中古的歐洲王國和神聖羅馬帝國從古羅馬承繼下來的「羅馬和平」（*Pax Romana*）傳統，以及天主教根據古代神父的著作與教會法所立的教義，都預先假定了一個根據羅馬法理（*iustitia*，按：此是羅馬Justinian Code中專論法律理論的一部分。——譯者），而運行的普遍的神聖秩序。這些原則都是自然法則和神的法則所固有的，而在人類的法律中也反映出這些較高的法則。但在中世紀實際統治著人們的乃是一種精巧的教會法，它把公民與非公民、領主和農奴、宗教權力與世俗權力，以及基督徒與異端分子等等區別劃分得清清楚楚。這種法律的統治卻並未涵有「法律之前人人平等」之意。說得更恰當點，乃是制定一種特殊法典，而用之於各種各類的人。它的真精神乃是根據身分、職能、信仰、財富或出生而在人與人之間做一種審慎的劃分。一方面所有的人最後可以都是隸屬於一種自然的和上帝的普遍法則之下，但另一方面，人類的法律實際上卻沒有照顧到人們的共同利益，而祇是將人們一個個地區別開來。中古社會的法律和政治結構反映著它的社會分野。人們由於社會身分的不同，因而他們受審的法庭、受制裁的法律，及其受懲罰的範圍也都有差異。皇室的、領主的和教會的種種司法權已糾纏不清，此外還有地方法和習俗法、樂地法和商人法，市鎮和行會的各種特權等等混雜其間。而我們今天所瞭解的這種「習慣法」在那時是不存在的。同時，在這樣的情況之下，法律平等的觀念也還沒有具體的地位。

因此，中古的「羅馬和平」傳統，一方面和教會法律的理論，另一方面又和現實形成了顯著的對照。舊理想的復活與現實更進一層地符合於這些理想，其過程是漫長而複雜的。

在中古時期英國王權的趨向——雖然其間也有些變化——乃是削弱領主的和地方的權力而鞏固其自身的地位。國王的法律遂逐漸具有更多的國家法律的性質。此一過程在十六世紀圖多王朝（Tudors）的統治下達到了最高峰。恰巧此一高峰正與新教教義的傳播相符合，新教的教義認為所有上帝的信徒都可通過信仰和美德，直接與上帝相通，而不必一定得通過教會的傳達。從這時起，西歐各國王室的法律和權力，便逐漸走向顛覆並凌駕乎領主的和教會的法律和權力之途；而法律平等的觀念也就隨著此種轉變開始成長起來了。

王國之內所有的人都被一律看作是——而事實上亦日益成為——國王的平等屬民。中古後期和近代初期的中心課題是強大的專制國王之權力的增長，此種權力逐一向貴族、教會、以及敵對國王的權力挑戰，直到他們獲得了超乎一切的至高權威，並因此種權威而獲致國家的統一與更多的劃一為止。但如果這種權威建立得不當，具有過度的個人性或純粹的政治性，那麼它勢必是脆弱而浮面的。但倘使它的存在是徹底而持久的，它便會造成司法、立法、和政治權力的集中，而一種新的社會秩序也便由此產生了。英國和法國在此一發展的過程中都取得了領導地位；但英國的王權卻比法國來得更為根深蒂固與普及。因此，就一種法律類型的意義說，英國是在歷史上創造了「習慣法」的典範的，它平等地適用於所有國王的屬民，並以中央權威的劃一權力向全國各地實施並執行。強有力的國王實是最大的均平主義者，而「法治」的意念也和「習慣法的統治」的意念不可分地聯繫起來了。

法國強有力的國王致力於爭取王室的至高權力，雖然比英國晚得多，但它卻沒有劃一之管轄權與壟斷之司法權的鞏固制度作為王權的基礎。在一七八九年法國大革命以前，公爵的、領主的和教會的法庭一直是與法國王室法庭分庭抗禮的（而且王室法庭也不是次次獲勝）。甚至原來從王權中分化出來的最高法院（Parlements）也有與王權相抗衡的趨勢。真正在法國建立了有效的習慣法體系的乃是革命黨人和拿破崙；但照英國標準來說，它卻又過於集中和劃一了。

習慣法祇單純地是一種適用於國內所有人民的法律。

戴西（Dicey）說道：

在英國，法律平等的思想，或者各階層的人都普遍地隸屬於普通法庭所實施的同一法律的思想，已經被推行到最大的限度。我們每一個公務人員，上自首相，下至警察或稅收員，都是和其他公民一樣地要對他自己的犯法行動負責。一個殖民地的總督、一個政府的首長、一個陸軍軍官，和一切部屬人員，雖然都是在執行上級的命令，也依然和任何沒有公職的個人一樣，須對他的越出法律範圍以外的行動負責。

這種法治的觀念與英國特殊的習慣法的發展之結合，始給近代的民主政府鋪好了基礎。

封建的金字塔的倒塌是王室司法權之伸張和習慣法之成長的結果，其中有一個重要的發展，後來竟成了民主的理論與方法中主要部分。這便是通過「分權」（separation of powers）而追求自由的原則。第一個從許多政府的職權中分化出來的乃是司法權。英國的習慣法法庭，與掌管國策和行政的樞密院之其他各部門相對立，早已獲得了半獨立性。其時，有一種新的法律概念已經成長起來，那便是祇有在盡可能地脫離政治波動影響之法庭，以及具有職業保障和獨立精神之法官的執法下，司法才會是十全十美、大公無私，而且有效的。在十五、十六和十七世紀的初葉，英國的習慣法學家以及從其中挑選出來執行習慣法的法官們都獲得了顯著的獨立性。

英國法治的涵義，人們已經說得夠多的了。這些涵義是什麼呢？那便是全國祇應該有一套獨一而劃一的司法制度；所有公民都有平等的權利向此司法制度要求保障與損失補償；所有公民如果犯了法都得平等地受法律所規定之懲罰的制裁，任何公民或任何階級都不得被置於法律之上或其下，也不得要求享有任何特殊的與特權方式的司法制度。誠然，其中也有例外，如法官和高級官吏在執行職務時便享有特別豁免權，正像國會議員在出席開會時所享有的特權一樣。英國法律有一種特殊的原則，那便是所謂「國王是沒有錯的」（The King can do no wrong）。不過這些例外都是具有特殊的歷史性或職責性理由的，其存在祇是證明法治的精神而已。顯然得很，此一原則的本質乃是平等：它否定了舊有的各種特權或免罪權，所有的公民在法律的觀點上都是平等的，因而也都受到公平的待遇；他們都同樣地需要安全和保障，需要不受侵害的平等權利，祇要他們也能尊重別人應享有相同的權利。這些原則，對於十七世紀的國會政治及英國憲法的全部性質都起了直接衝擊的作用，也是顯然的事實。

人們很少論及司法權從政治的和行政的權力中分立出來的涵義，雖然這些涵義在民主理想的演進中確有其重要的地位。十八世紀的外國觀察家如德羅慕（De Lolme）與孟德斯鳩（Montesquieu）等考察英國憲法的結果，曾得了一個結論：他們認為英國憲法的實行原則不僅是司法權力與政治權力的分立，而且行政權也從立法權中分立出來了。其實這種結論在當時並不正確；在以後也沒有正確過。但是此一誤解曾對美國憲法和大多數的近代法國憲法有了強有力的影響。然則，這是事實，即英國的立法權已脫離了行政權而獲得充分的獨立性，並且反而能對行政權有所控制；十九世紀時，英國復將此一原則的應用向前推進了一步，即認為行政權應該充分地與司法權及立法權分開，以保障它本身公正的、不間斷的和有效率的運用。正如十七世紀中的司法權從政治權力中分立出來一樣，十九世紀時，行政權也從政治權力中分立出來了。文職人員像法官一樣地獲得了同等的任期保障，和行使職權的獨立性。不僅如此，這種「脫離政治」（Taking it out of politics）運動，最後使英國的君主制度也得到了拯救，意思是說國王接受了下議院獲得多數席位的政黨領袖們任各部的大臣。但不幸得很，近代的各種獨裁政體也竟是以政府脫離政治為藉口而興起的；一黨專政的國家，正以他們的政府中消除了政黨政治而引為驕傲。而在英國，民主政府的演進雖亦賴於一切事都脫離了政治的範疇，但政治本身卻是唯一的例外。行政和立法機構聯合起來，通過樞密院與國會，代替了國王負責擬定國家政策的權力。然後，政策的實施，以及法律的運用都操之於各行政部門、法院、地方政府等等之手；而所有這些機構也都具有行政和立法的相當獨立性。

在這一方面，「分權」——用現代的詞句來說，恰恰是與「法治」的方向完全一致的；同時，這兩大原則也確是在歷史上和政治理論上都交織在一起的，因而構成法律平等之不可或缺的基礎。正如一個深刻的德國觀察家所批評的：

法治給政治權力打了一個折扣，它牽制了野心政客對於權力的爭取與使用。他的行徑越恣肆冒險，他所受到的牽制也越顯著……法律平衡了一個國家中許多爭奪最高權力的社會勢力。他們的鬥爭是一件自然的事，所以也未可厚非。它是一種生命與活力的表現。法治並不阻止這種鬥爭，或者可以說，至少一個好的法治並不企圖去阻止它。法治祇提供鬥爭的法則和決定勝利者的條例而已。它不讓這種鬥爭繼續下去，並保護失敗的政黨，使其免於潰敗之慘。它企圖公平地分配勝利的果實，同時還維持國家和民族的統一，儘管許多不同團體的目標是互相衝突的。

法治對法院中的不公正，行政上的分贓制或專橫，以及一黨專政國家的暴政都同樣的予以反對。納粹法律學家被迫而將法律曲解成政黨的專制工具，是眾所周知的；像「分權」制度一樣，法治也被極權主義摧毀了。

使這許多國家機構脫離直接的政治控制，其目的和結果都是獲得更大的平等。對於一般公民的待遇愈公平，人民的日常生活所受到的任意干涉也便愈少。同時，它還獲得了一種更穩固的自由——即不受政治審判的、特權的或政治上有力的官吏的侵犯，以及暴虐性的中央集權之行政的壓迫等等保障。不過隨著這種運動而來的，有一種敏銳的政治見解，那就是說在民主的社會中，所有能夠「脫離政治」的活動都是有限度的。在政策的問題上發生了歧見之處，就必須借重政治的力量，民主政府的基本問題乃是將社會行動和政府權力的範圍，審慎地劃分清楚，以適於獨立自主的專家處理他分內的事務，並確定人們有某些地方能夠適當地獨持異見。在政策和政治的問題上，民主國家的責任，便是為討論的自由、選舉代表的自由，以及自由組織政黨去推動爭端的討論和解決等提供充分的便利。我們若要將這些事情都從政治活動中除去，勢必將國家導向獨裁之路。正如介乎兩次世界大戰之間的那一段期間所出現的德國、義大利以及其他一黨專政的國家一樣。要求「寧捨自治而取好政府」，要求政府的效率和延續高於一切，以及「治理得最好即是至善」等等論調，是必然會常常在真正的民主主義者心中引起疑竇的；因為這些要求中隱藏了一種願望：即統治者要將他們的意見和決定加諸若干問題之上，而那些問題本來應該是屬於自由討論和民主決定的範疇之內的。一黨專政的國家企圖使政治脫離政府的結果，在最淺薄的意義上，是將所有的政府變成了一種單純的「政黨政治」。

在這些方面，習慣法的體系中所固有的平等主義原則，便在近代民主國家的運用中產生了影響長遠的後果。它是一個雙軌的歷程。不僅是民主理想的醞釀加強並發展了習慣法；而且習慣法的推行也產生了若干實施與原則，而為民主主義者所承認，那是他們所想望的那種社會秩序的真正基礎。正常的法律信條，如：人應當在他的陪審員面前受審；在他的犯罪未獲證實之前，他都得被視為無罪的人；除非他已被證明為違犯了現行的法律，否則他不應受到懲罰等等；都大大地加強了個體公民的權利，以對抗一切權威與暴力。這些信條保障了個人的自由——去做法律所允許的事情的自由，以及維護自己不受強者侵擾的自由。

英國警察制度的成長給予這些發展提供了一個實際的證明。由於相信：如果沒有有效的實施與逮捕的方法，最好的法律也是毫無價值的，以及好的政府必須依賴有保障的社會秩序，皮爾氏（Sir Robert Peel）及其門徒們在十九世紀的上半葉即開始設計一種警察力量。皮氏所設計的警察制度，最後還是得靠所有公民共同分擔起維護法律和秩序的責任的，這實已成為民主社會中不可缺少，但卻被過分忽視的基礎了。英國警政史家萊斯（Charles Reith）說：

英國創建了一種警察力量，這種力量完全是法律的，而不是國家政策的工具，它的權力係賴於它所獲得並保持的社會的尊崇、愛戴和贊助的能力，並用

> 它來代替實際武力而維持法律的尊嚴。由於這一警察制度的完成，英國遂解決了所有民主國家存在的基本問題，那便是如何求致一種方法，這種方法不僅是為了保障通過民主程序制定之法律的有效實行，而且使人民有意志和犧牲的意願。為維持秩序並維護社會的團結和力量而聯合起來。在他們這種警察制度及其原則之下，如果英國人民願意這樣做的話，他們是能夠看到個體自由的真正的民主理想之景象的。

此種為社會服務而存在的公民武力觀念——其職責旋即包括著除防止犯罪以外的許多事務——實與一般文官制度一樣是偉大的發現。和文官一樣，警察在職務上也是大公無私而無政治性的。警察在民主國家中也是脫離了政治的，但在近代獨裁國家中都變了政治的工具。秘密警察或政治警察實際上即意味著法律平等與公民自由的否定。

很有意義，習慣法理想的發源地英國，在十九世紀對政治學有了三種特殊貢獻。代議制度、非政治性的文官制度，和非軍事性的警察制度，最後都是保障民主公民的公民自由與法律平等的手段。在此三種制度的背後，則存在著一種觀念：即所有公民都具有若干自由與平等的權利，而在特權或豁免權的方式下，對這些權利有任何最輕微的侵蝕，都被看作是與民主政治絕不相容的。在法國，這些問題在半世紀前的杜勒甫案（Dreyfus case）（按：杜勒甫是十九世紀末年的一位猶太籍砲兵軍官，隸屬於法國參謀總部，一八九四年因被人誣控向德國出賣軍事秘密而為軍事法庭判處終身監禁。後幸得法國大文豪左拉出而伸冤，激起社會上軒然大波，並形成杜勒甫派與反杜勒甫派的鬥爭達數年之久，後杜勒甫派終於獲勝；一九〇六年法國最高法院卒判杜勒甫無條件釋放，此案始告結束。按此案不僅牽涉到個人法律保障的問題，而且還牽涉到對猶太人的種族歧視等等問題，乃是十九世紀末、二十世紀初之一大事件。——譯者）中即曾發生過充分而激烈的爭鬥。有一派人主張國家安全與軍事權威的顧慮有時必須侵犯這些公民權利，而另一派人卻堅持沒有任何人（甚至包括士兵與猶太人在內）的法律平等應被否定；但在共和派人（Republicans）和杜勒甫派人（Dreyfusards）看來，這兩派之間的問題根本是一個直截了當的問題。有意思的是直到杜勒甫派人獲得勝利的時候，第三共和及其代議制度才穩固地建立了起來。在法國的幹部中——包括陸軍、海軍、文官制度和殖民地的行政機構中的幹部——對於特權的企望與尊崇，自「舊政權」（Ancien Régime）和拿破崙專制的時期以來，即非常堅固。文治的共和主義為了保衛它的法律的公民的平等理想，曾有過長期而艱苦的奮鬥。具有特權的公職人員，至今仍是所有近代國家中未獲解決的問題。一位錯察了官僚們有計劃之陰謀的英國大法官，曾名此為「新專制主義」的統治；但他發動了一個及時而有價值的公開討論，研究至今依然繼續存在的這種代議的立法制和代行的司法制的危險性。而保衛個人公民自由和法律平等之權利的習慣法原則之豐富來源依然未曾枯竭。

以上這一簡略的歷史分析，給予前一章中所涉及的問題一些解答的線索。近代民主的制度有著堅固的法律基礎；和強有力的制度的與行政的基礎，而其本身則淵源於「前民主」和「非民主」的社會。因此，舊自由黨（Whigs）的傳統認為《大憲章》（*Magna Carta*）、《權利法案》（*Bill of Rights*）和《居留法》（*Act of Settlement*）這些民主性的文件，祇有在一種意義上是不正確的。那便是這些憲章的起草人不是民主主義者，也不是為著什麼民主的目的。不過，在歷史的過程中，由於這些權利已因此而獲致，所以事實上它們才成了民主思想得以發生滋長的主要間架。中央集權而非絕對的君主制、國會和皇家法庭的體制，以及法律之前人人平等的概念，從歷史上說，都是我們現在所熟悉的公民自由和法律平等的基礎，我們曾重複提及，《大憲章》並非自由（Liberty）的憲章，而是特權（Liberties）的憲章；我們應該記取，正像利奇教授在第一章中所說的那一段話一樣，這種特權後來又轉而成了自由的基礎；而一個階級所獲得特權也能夠擴而大之，成為整個社會的平等權利。

民主主義本身即具有一種推動力，將民主的原則從法律和政治的範疇中推廣到宗教、經濟和社會生活的園地。這些趨向以各種不同的方式為「平民的世紀」（The Century of the Common Man）開了路。平等和自由的理想，在不斷的交互作用中，構成了此一發展的真正要素；我們必須將這些理想在近代的表現看作是長期歷史發展的高潮，因此，要想理解它們，也祇有從它們和此一繼續不斷的歷史發展的關係上著眼。把我們所瞭解的這種平等主義當作是和民主的理想與實際不相容的外來物，乃是偶而有之的烏托邦幻想家或晚近的社會主義者的產兒，實際上都是誤解了近代民主主義的全部歷史。一九四八年聯合國社經委員會所採用的婦女平等權利憲章七點，祇不過是兩世紀前即已開始的民主的理想主義思潮之最近的回流而已，那並不是什麼新發明。

第三章

宗教平等

平等的理想並毋須走向整齊劃一之路，這可以從宗教平等長成的事實上，獲得最有效的證明。宗教平等的興起正是否定宗教的劃一性；復以強迫劃一信仰的廢棄，此一運動終於發揚光大，蔚為壯觀。它不是意味著所有的人都須信仰同一上帝，也不是說所有的人都須在同一方式下信仰上帝。相反的，它意味著人人都應有同樣的自由，根據他們自己良知所指示的方式來信仰上帝——如果良知不讓他們這樣做的話，他們還根本有不信神的自由。但當時很多人卻視此為不能容忍的和邪惡的。人們或認為，教會是應該受國家權力的支持，否則教會本身也當具有迫害與懲罰的力量。這種觀點在中古以及十七世紀以前的近代史中，是為人們所普遍接受的。宗教平等不過是最近兩個世紀歐洲歷史的產兒而已。它是與法律平等之成長同時興起的運動，並且在很多方面和法律平等的興起有著密切的關聯。在歷史上，它是民主發展史的一個主要部分，如果我們要想認識民主，並用我們這個時代的詞句將民主理想重新加以闡述的話，我們對它便不得不予以密切的注意。

英國直到內戰結束之後，接受宗教寬容的必然性才逐漸成為她的政治重心。法國和德國所具有的最接近寬容的觀念則是：「住在誰的國家，便信誰的宗教」（Cuius region, eius religio，按：即英文Whose realm, their religion）這一原則的有限翻版。摧毀性的德意志三十年宗教戰爭終止於《威斯法利亞和約》（*Peace of Westphalia*），教區的劃分便是以此一原則為基礎。統治者決定被統治者的宗教信仰；敵對的教會均獲得特殊的領域，而能繼續其不寬容的政策。一五九四年，法國亨利四世即曾頒布了《南特勅令》（*Edict of Nantes*），允許法國的新教（Huguenots）具有武裝地區，使他們得以自由地實踐其信仰。由於此種劃分，法國宗教鬥爭的互走極端，幾達一世紀之久。

在英國，十七世紀的宗教戰爭則結束於清教徒的護政府（Protectorate）統治，和斯圖亞特王朝的復辟。其時雙方已精力半竭，但幸而英國國教（Anglican Church）的寬大傳統緩和了雙方的迫害狂，雖然天主教徒與清教徒都被摒棄於政治組織與行政機構之外，但若干私人信仰的自由則已獲得容忍。一六八五年，法國的天主教國王路易十四便廢棄了《南特勅令》，並在要求宗教與政治劃一的名義之下，剝奪了他的新教人民的法律保障。兩年後，英國的天主教國王詹姆士二世（James II）也頒布了一個《赦罪宣言》（*Declaration of Idulgence*），因而停止了國教在宗教方面的刑律。十七世紀末葉的這兩大事件是英、法兩國對立之發展的標幟。路易之不寬容的代價是犧牲了法國的經濟繁榮；而詹姆士試圖寬容的結果卻喪失了自己的王位。但法國專制君主的嚴厲的、正統的劃一性，卻培育出伏爾泰（Voltaire）的反僧侶主義、唯理的懷疑主義與十八世紀的種種哲學，而強迫詹姆士退位的英國民權黨革命則有洛克為其正式的辯護者；洛克本身便是擁護寬容與宗教平等的人。民主主義者反對路易的理由是他不容異己；而民主主義之反對詹姆士，則因為他要在寬容的偽裝下規復不寬容的教會。所以根本上他們所遭到的反對乃是一樣的。不過他們所表現的方式則大有區別。這正和英國人高呼「打倒教廷與教士」時的語氣，和法國人高呼「雪恥」時的味道之不同一樣。

在法國，天主教教會是與君主專制制度緊密地打成一片的。教壇與王位的聯盟是堅強的，因此，除非對「舊制」的每一方面同時加以攻擊，否則對其中任何一方面都無法作孤獨的進攻。自由、平等、民主、幸福和進步——這些在十八世紀時，都被視為相同的目標——的障礙物乃是法律的與社會的特權，其中僧侶所分潤的特權也正和貴族一樣多。我們唯一可以想像得到的，理性與民主抬頭的先導乃是最後一位國王的幻景，與最後一位牧師的糊塗主意，它們是相互扼殺而死的。可恥的倒不僅是教會；而是所有的迷信和不容忍。法國那種宗教容忍與平等和當時的英國很少相似：法國的不容忍是被極端不容忍的手段所消滅的，這真是自相矛盾的事；英國則不同，其時的英國人是生活在他們所敬佩的「憲法」之下的，他們是在華爾坡（Robert Walpole）和白爾漢（Henry Pelham）所領導之溫和的民權黨（Whigs，按：即後來自由黨的前身）寡頭政治下，體驗著另一方式的宗教容忍和平等。它們在精神上的差異，正與一七八九年的法國革命和一世紀前的英國革命的不同一樣。

在所有的國家中，對於宗教差異的尊崇多少是得力於人們對所有宗教都一視同仁之助。但在英國與美國，強有力的不從國教（Dissent）團體，和自由教會（Free Churches）的存在，對容忍原則之經常而積極實踐的要求，遠多於一視同仁之觀念所能引申出的結果。在英國的民主成長史中一個經常有決定性的因素，便是各種不同宗教團體在此一島嶼社會內的共存（Co-existence）。在美國，由於受了迫害時代以來被放逐的英國清教徒之非國教精神的強烈影響，遂克服了她早期殖民地時代的宗教不寬容階段，而北美合眾國的形成也建築在此種容忍的基礎之上。法國及其他國家，由於長期的宗教劃一之結果，積極寬容的美好精神遂亦為之削弱。民主主義者的要求不祇是信仰自由，更重要的是批評自由；較之在英、美逐漸發展的對宗教上非國教精神的默默接受，理性主義者的平等主義實在祇能算是一種粗糙而不悅耳的教條。它獲得反僧侶主義、不可知論、對宗教的一視同仁，以及不信宗教等等精神的更多支持。整個地說，與英、美兩國相較，歐洲的基督教民主運動乃是晚近的事，因為基督教與民主曾在很長的時期內處於對壘之地位。

早在一七八七年，美國憲章的第六條即曾規定：「在美國，任何機構或公共信託公司的職務均不得受宗教資格的限制」，一七九一年的「第一次修正條款」（First Amendment）更公正地禁止了任何國教的建立，和對宗教信仰自由的任何剝奪。雖然少數團體，如羅馬正教（即天主教）、毛蒙教（Mormons），曾為了他們底自由的全部承認而鬥爭過，但美國的宗教平等在形式上自始即已獲得了。「毋偏袒，毋迫害」一語已經寫在美國的民主憲法中，並且從此傳播到美國的日常社會生活中。

在英國，美、法兩國的革命最初祇是加強了反平等主義的勢力；它需要一整個世紀，來「將此貴族的、教階制的、地方性的、王權黨（Tory，按：即後來保守黨的前身）的和國教的、復辟的教會國家，轉化成一個建基於承認宗教歧異為不可避免之事實上的真正的（即使不是完全的）議會民主國家」。在此一過程的第一階段中，其里程碑有一八一二年的《寬容法》之通過、一八二八年的《宗教測驗與社團法》之廢除，和一八二九年的羅馬正教救濟法之頒布等。同時這一時期也正是邊沁派（Benthamite）的法律與政治的改革時期，因此宗教平等的理想遂與公民的自由與平等緊密地聯繫起來了。「公民與宗教自由」的口號，其中任何一部分與另一部分都已無法分開。

在要求法律與政治改革的呼聲中，英國的不從國教分子都扮演了中心的和決定性的角色。他們緊密地參加了激進派和自由黨人的行列，因而無論就年代上或重要性上說，都得列為最早要求革除公民不平等和宗教上權利限制（disabilities）的人。雖然比美國遲了五十年，宗教平等的觀念，最後依舊交織在英國國會體制的結構與精神之中。

我們必須注意革除這些宗教限制的進程是如何緩慢而逐漸。在民權黨革命期間，殖民海外的新教徒中之不從國教分子，才在管治著他們的會議之複雜條例中獲得了實質的信仰自由；然而羅馬正教並未能享有此同樣的自由，並且直到十八世紀末葉，所有不從國教分子都還沒有擔任文官職位或社團職位的權利。平等並不是在一八二〇年突然到來的。在新教與天主教兩派不從國教分子未獲得解放之先，已有一長串的法案為其前奏，如一七七八、一七九一和一七九三年關於天主教的法案，以及一八一二、一八一三年關於新教徒的法案。人們因而才逐漸地習慣於宗教平等的概念。任何平等理想的獲得都不是一朝一夕之功；它反對一切來自迷信、偏見、習慣和一切不仁之權力底力量，無論如何，其歷程總是很艱難的。當我們考慮到社會平等經濟平等的概念時，這一點我們必須牢牢記住。

一八二八年至一八二九年的所謂新教與天主教之不從國教分子的「解放」，實即象徵著「一個教會——一個國家」——教民身分（Churchmanship）與公民身分（Citizenship）合一——之舊理想的逝去。不過像一八三二年政治上大改革法案這種措施，還不過祇是「特權之牆」的第一道致命裂痕而已。又經過若干時期之後，這些法案的涵義才獲得實現。宗教的寬容與平等，最後乃是循著前述的英國式的宗教「脫離政治」之正常進程而來的。在廢除《宗教測驗與社團法案》（*Tests and Corporation Acts*）的辯論中，羅素勳爵（Lord John Russell）曾追憶這些法案壓抑不從國教分子所造成的罪孽與空泛的形式，他並指出：「這些便是混同政治與宗教的後果。」將政治從宗教中分開的一部分理由乃是：此二者的混合結果會損害了宗教。但也有人認為，把它們分開的後果之一則是敗壞了政治；這是人們至今尚用來為建立國教作辯護的主要論據。但是，姑無論在一八二八至一八二九年所發生的政教分離運動中，任何一方由於分離程度的不同而損失較大，此種分離終因壞處較少而為人們所屬意。照當時的情形來看，似乎祇有在內戰或愛爾蘭的革命二者之間選擇其一。但人們很少能分辨，在十九世紀早期的許多民主改革中，究有多少改革的促成不僅是由於仁慈和人道主義的民主精神，而且是由於混亂或尤甚於混亂的一種迫切的威脅。祇有暴力的威脅，或法律制度與秩序崩潰的危險，始能迫使保守勢力贊同改革，甚至還培育溫和的變革（如皮爾與威靈頓的改革即是），以避免更惡劣之轉變的降臨。

在十九世紀的最後三十年中，歐洲的教會與國家關係日趨緊張與磨擦。在義大利、德國、法國，以及西班牙，羅馬正教的世俗權力和宗教權力都受到巨大的民族國家興起的挑戰。在共和主義挫敗後的義大利，和文化奮鬥（Kulturkampf）時期後的德國，此種磨擦便減少了。而西班牙的情況則一直未變，甚至一九三一年的國家與教會的分立，亦未能對之有所改善。在法國，許多年來，由於更自信的共和主義，與更主動的反天主教氣氛的日益增長，此種磨擦至十九世紀的杜勒甫案而達到了極峰。當時法國的直接爭點乃存在於共和政府與陸軍之間，亦即文武權威之間。

但教會則傾向於軍隊一方面，而反杜勒甫派的烏合之眾在「左派政團」領袖孔伯氏（Emile Combes）領導下，則必然於一九〇五年走向教會與國家分離之途。此一分離運動之殘酷性與惡劣性所招致的懲罰，則是教會與國家間整個三十年的公開鬥爭。在這個鬥爭中，共和派人、自由主義者，和民主主義者的反天主教的意識固遽速增長，而僧侶的反共和主義情緒也更趨狂熱。國教的廢除被認為是法國革命底平等原則之長期性勝利——從歷史上看，此種看法確是正確的。除了傳統與家族關係之外，教會與軍隊有一點是相同的：即在結構上和外表上它們都是階級森嚴的和權威性的。如果這兩種團體與國家之間存在著返復不斷之衝突的話，那麼，一個建築在雅各賓黨（Jacobin）的人民主權論和民主主義基礎之上，並且是傳統地反教階制與特權的共和政體，是不可能無限度地自求適應以和這樣的兩大團體並存的。

法國的政教分離造成了共存於一國之內的兩種社會底尖銳對比。法國的教會在擺脫了國家控制後，較以前更趨向嚴厲的教階制與權威性。早在十九世紀時，維護教權的作家如拉門奈（Lamennais）即曾倡政教分離之論，以解除國家對教會的控制。而現在竟已獲得了此種結果，同時，教皇已可指派主教，主教也可以指派教區牧師，而毋須像一八〇二年拿破崙與羅馬教庭條約中第五與第十條所規定的那樣，還得經過政府的承認。當時，英國的法國史學家波特萊（J.E.C. Bodley）在論及法國《分離法案》時，便認為那是一個《擁護教權的法案》（*An Ultramontane Act*）。「自法國形成一個國家以來，教皇第一次成為法國主教與牧師的絕對統治者。長期衰微中的法國的限制教皇權力論（Gallicanism）至此遂遭到了致命的打擊。」而同時，國家因為擺脫了它與教會的聯繫，並且採取了一條充滿著世俗氣味與反僧侶精神的立法途徑，就更加可能嘗試著去創造更嚴格的平等社會了。有意義得很，緊接著政教分離法案而來的政治洪流，乃是社會改革與集體主義的立法，其主旨是在為法國規劃更大的社會保障。這些立法是由激進黨人與激烈的社會主義者實現的，他們乃是促成政教分離的最力分子。費利（Ferry）和孔伯的繼承人則有克里蒙梭（Clemenceau）、白里安（Briand），甚至朱勒（Jaures）與布倫（Blum）諸人。

在法國，以及在更劇烈的西班牙，由於宗教問題的困擾過久，遂使更迫切而重要的社會問題的解決也不得不因之拖延下去；當民主主義者能夠將他們的力量更有利地用之於及時爭取目前的社會經濟改革時，而他們卻把精神消耗在與舊時代陰影的鬥爭上了。在宗教存在於「政治之內」最長久的國家中，其社會改革與社會民主也就遲遲不得實現。因此，即使在這一方面，宗教平等也依然是社會與經濟平等的主要前提。

教會與國家相爭執的主要所在，一直都是在民眾教育的範疇之內，這一點至今依然未變。「自由國家的自由教會」和宗派學校（Denominational School）的「機會自由，無所偏袒」的理想，在美國的國家發展史上曾占著很重要的地位。而在其他的國家中，或由於唯一的國教之建立，或由於國家的反教會政策，都很少達成了像美國那種的教育自由與教育平等。無疑地，美國的態度必然是與一般的宗教平等原則最相吻合的態度了。允許任何教會在其所辦的學校中實施宗教教育，並且祇限制這些學校在物質設備上在衛生上和一般效率標準等等上，不得低於某種基本水平，這便是真正的宗教平等。偏袒某一教派的學校而不照顧其他教派的學校，便是一種不平等的做法，但在某一教會已被尊為國教，並獲得官方正式獎勵的國家中，這種不平等實是不可避免的事。

這個問題不祇是涉及民眾教育的組織，更重要的是此種教育的實質如何。多數基督教教會都很自然地相信，教會的宗教教育不僅是兒童教育的主要部分，而且還是整個兒童教育的真正基礎。因此，任何國家中非教會的官立學校便面臨著一個左右為難的問題：是必須把原來是教育宗旨所在的精神教育與宗教教育全部摒諸於教育概念之外呢？還是必須尋求一種不致引起任何教會積極反對的、基督教中某些最基本的共同教義以為教材呢？認為宗教教義的講授祇是屬於教會學校和主日學校的事，而官立學校則專教非宗教性的科目，這原是合理的。雖然，這也不無嚴重的缺點。一九三六年以來英國官立學校所習用的不屬某一教派的「共同教義綱要」（Agreed Syllabus，按：即基督教各教派所共同同意的一種基本教義），乃是目前一種特殊的與行得通的英國式的折衷之道。依一九三六年教育法案第十二項的規定，教會必得根據國教並自由教會代表所共同同意的綱要，而允許教派學校中任何兒童（如果該兒童的父母希望如此，而他又未能另入官立學校的話。）獲得非宗派性的宗教教育。反過來，兒童也同樣可以不接受官立學校的一般性宗教教育，而另行接受任何宗派性的宗教教育。但在兒童的腦海中（與他的教育途程上），將他的宗教及精神生活與教育的其餘部分分開來，乃是有著顯然而嚴重之教育缺點的。因為這樣他便很難受到鼓勵，而去「堅定地看清人生，看清人生的全部」了！

英國與法國現已興起了一種「普通學校」（Common School）的強烈要求。人們認為，所有的兒童都該進入官立的普通學校，讓具有各種不同的血統、信仰、社會背景和經濟狀況的兒童們，在其中並肩生活並學習共同的文化與共同的公民教育。而宗教教育自由地歸之於家庭、主日學校或其他教會組織；官立學校則避免宗教色彩，而專以實行一切主要教育的其餘部分為職志。這實是宗教平等原則的極端應用；然而這絕不能克服人們對宗教教育與其他教育嚴格分離的反對，甚至更加重了此種裂痕。

一九四二年的英國教育法案在教會間所引起的批評狂潮，正足以說明這個問題至今依然存在，而且還非常活躍。在這一方面，該法案的主要點乃在於它是一種更進一步的折衷辦法。「二元制度」（Dual System）還是保留下來，意思是說：義務學校（非官立的教會學校）至少得付出使學校設備提高到一般標準所需要之半數費用，如果可以的話，那麼它便可保有舊的自由。但是如果不能這樣做的話，一種新的「補助學校」（Aided School）（政府補助一部費用）便取而代之了；在此種「補助學校」中，一切財政的獨立性則完全喪失，而教員的聘請與解職權也隨之轉移。雖然如此，如果孩子父母願意的話，校中每週仍可以為兒童們做不超過兩次的教派性的教義之講授，這樣，二元制度的要點都被保留下來。但國家的限制網也越收越緊，有些義務學校的獨立性便減少了，它們的獨立性在劃一建築的最低標準與效率的共同水準名義下減少了。這是一種步向更大的社會平等的運動，而由於目前政府在擔負著「補助」學校的一半經費與官立學校的全部經費，這也是對宗教平等的承認。自然，除了能否清償一半的學校修建費這一純財政的考驗外，政府對創辦這些學校的各種教會都是一視同仁的。在這裡，像通常情形一樣，自由與平等的要求之間也常常有著磨擦；而一種睿智的民主便在於能在不過分犧牲任何一方面的前提下，將這二者調和起來。

在這裡，我們不需要深入研究「普通學校」、教育作用與構成社會平等之關係的這種熟悉的爭論；也毋須探討英國公立學校與法國教會學校種種極端困惑的問題。從平等主義的觀點上看，其主要的原則不是國家教育的整齊劃一，也不是一味排斥實驗的、私立的與「畸形的」（freak）學校，這原則是什麼呢？乃是教育的差異應該根據兒童這一未成熟的人格底才能與需要而定，而不得視財富、身分，或其父母的職業為轉移。關於人類在教育上所能獲得的最大限度的社會平等問題，陶奈教授曾有一段很動人的敘述：

每一年有二十萬個新的人靜悄悄地降臨英國。而在一年之內大概便會死去十四分之一。剩下來的人的要務，首先是要生存，其次則是要成長。教育家的目的便在於輔助他們的成長。但是要想教育家不把他們看作雇主與工人、主人與奴僕，或富人與窮人，而祇把他們當作是人，該是多不容易的事呢！在一個人性很容易漂沒在相互衝突之利益的叫囂中的世界上，這又多不容易啊！如果可能的話，又該多麼有利和可愛呢！在這裡平等精神還是比任何地方更有希望可以建立起它的王國的。在這裡，還應該可能忘卻收入與社會地位等可厭的俗套，而對於一種不屬於某一階級或職業，而僅屬於人類本身的品質有共同的愛，並藉教育的力量以共同努力去改良他們。這應該是可能的。但是，如果這種寶貴的可能性仍然從我們的掌握中溜走了，那麼，必須受責難的便不是環境，而是我們自己了。

作為一種道德的展望與社會改革的動力來說，這一段話所表達的平等精神真是再好沒有了。

第四章

政治平等

由於十九世紀有著太多的改革，因此，二十世紀的頭腦便很難瞭解，一世紀前的人們是用著怎樣一種充滿恐怖的眼光來看「普選權」（general suffrage）的。成年公民都應享有投票權的觀念，在十九世紀時是全歐洲與英國的基本革命概念之一。十八世紀的（歐洲）人們視政治為財富平衡的反映；而以經濟權力必然地並正確地決定政治權力。這個觀念頗有幾分目前馬克思主義的氣味；在十八世紀時，卻是英國正統的並普遍為人接受的憲政理論。從洛克以至柏克等政治理論家，幾乎都一致認為真正應該統治英國的是「與國家存亡有利害關係」的人——也就是大地主的寡頭政治，因為如果國家統治不當，或受到外族侵略，他們顯然是受害最大的人。因此，甚至重商主義者如孟多瑪（Thomas Mun）或自由貿易論者如亞當斯密（Adam Smith）認為國家之財富基於商業或工業而非土地的說法，在當時都具有革命性。顯然，如果承認了此種論調，那麼人們接著便會要求這些形態的財富也應在國會中享有代表的權力了。像波林布洛（Bolingbroke）與休謨（David Hume）之流的作家，通常都用各種不同的經濟利益與社會關係之集團的名詞來思考，例如「土地階級的利益」、「勞工階級的利益」和「不從國教分子的利益」（Dissenting interests）等等。直到與美、法革命同時產生之十八世紀末葉的激進運動興起後，人們才普遍承認國會中所代表的應該是財產，而不是個人。甚至剛愎的自由黨人如柴咸氏（Lord Chatham）亦批評任何與此相反的論調，同時，如果把改革法案以前的國會當作和包立特（Porritt）的名言：「未改革的下議院」（The Unreformed House of Commons）一樣，在時間上多少也是一種錯誤。大體上說，十八世紀的選舉制度極能符合當時多數人對它的要求：即在政治上反映現存的社會平衡。除了直率的激進運動外，早期的英國改革運動都考慮到如何對此制度重加調整，俾使其他經濟集團能獲得比「土地階級利益」集團更多的代表。直到工業革命改變了英國的財富與社會勢力的實際平衡後，人們才似乎認為那時的政治代表土地階級利益的成分太多，而代表貨幣階級利益的成分太少，因而期待著舊制度的任何嚴重變化。

所以認真地說，直到國會應代表個人而非代表財產的思想為人們廣泛的接受後，政治平等的觀念才能興起，作為一種可行的理想。正如後來的維齊（G. S. Veitch）在他的《國會改革之發生》（*The Genesis of Parliamentary Reform*）一名著中所研究的一樣，激進主義的中心原則，乃是以雅各賓黨人的「人民主權」的觀念代替主權在國會的思想。這兩種原則如要獲得調和，祇有國會建築在正常的民眾選舉的基礎之上，人民又如何才能在選舉中表現出他們的主權呢？那除非他們能創建一個國會——一個可以行使與大多數人普遍認可之政策相符合之「立法主權」的國會。如要獲得大多數人的意見，則勢必先得將選舉權大大推廣。通過自由選舉制而施行的普選理論，是在十九世紀中獲得了一連串穩定之勝利的民主理論。它無形中帶來了一種政治平等的原則——「一個男人，一張選票」，至於把此種原則推廣到「一個女人，一張選票」，卻是另外經過奮鬥的，而且直到第一次大戰以後，才在英、美獲得了承認，法國則遲至第二次大戰後始承認婦女有選舉權。

在此種民主基礎的擴張所造成之強烈恐懼的反面，則是普選權在它的擁護者的心中所激起的強烈樂觀。他們認為，當所有的人都有選舉權的時候，普遍的幸福與繁榮的黃金時代便到來了。每一個人的利益與所有人的利益將自動地獲得調和，而一個新的時代也就此誕生了。讓所有的人都在政府中有平等的發言權，其結果必然便是最大多數的最大幸福。

在這一點上最放肆的樂觀主義者之一乃是潘恩（Thomas Paine）。他在《人權》（*Rights of Man*）一書中曾寫道：

> 在政治方面，一個前所未有的理性曙光在向人類照射了。由於目前這種舊政府的野蠻主義之消失，各國彼此的道德狀況也將有轉變……像任何其他屬於人類的事情一樣，政府也應敞開改良之門，而不應一代代地為人類中最無知最罪惡的分子所獨占。

雖然他認為「人是生而，並永遠繼續，在他們的各種權利方面是自由與平等的」，但他依然以這些權利為「自由、財產、安全與抵抗壓迫」。他絕不是一個平等主義者，反之，他還反對把平等當作均平，或人為的劃一。

我們曾經聽到人們把「人權」稱之為「均平」的制度。但是真正用得上「均平」這個字的唯一制度乃是世襲的君主專制。它是一種精神均平制度。這種制度使各種品質，在同一人的眼光中，沒有高下之別，罪惡與美德、愚昧與智慧，總之，每一種性質，無論好或壞，都是被放在同一水平上的，國王的世世相續，卻像畜牲一樣，而不像是有理性的人，此種世襲與國王本身的智力的或道德的特質根本無關。

此種認為普選權的潛力可以產生普遍改良的樂觀信仰，在整個十九世紀中一直是在英、法兩國持續著的。葛拉斯東的自由主義（Gladstonian Liberalism）的熱與力導源於此種信仰者至多。一八六九年，近代法國激進主義的創始人甘必大（Léon Gambetta），在其向巴黎選民所作之著名講演《柏立爾宣言》（*Belleville Manifesto*）中，曾有下面這樣過分樂觀的話，他說：

> 和你們一樣，我也認為普選權一旦建立起來之後，便足以掃除你們計劃中所要掃除的一切事物，並建立起我們所追求其實現的一切自由和一切制度……和你們一樣，我也認為合法而真實的民主便是一種最完美的政治制度了，此種制

度可以使絕大多數人至快地、確切地獲得精神與物質的解放，同時並最能保證社會平等在法律、行為和習慣中的存在。但是又和你們一樣，我也認為這些改革之進步的成就是絕對依賴著政權與政治改革的，並且在我看來，在這些問題上，形式牽涉並決定著本質，也是一種自明的真理。

這是十九世紀的自由主義的真實信仰；而近代的法國歷史更似乎證實了這一點，近代法國的政治革命，如一八三〇與一八五〇的革命，總是阻礙了社會變革。這些高度希望的幻滅，頗使二十世紀的人們不復信任議會民主。

保守分子持以反對——或者說是很緩慢而勉強地使他們自己承認——男子普選權的論據，顯示出民主理論的新穎處。在英國，人們反對普選所常用的論據，乃是說普選權會摧毀了英國各種自由權利所賴以存在的傳統的憲政平衡。它必然會導使君主制度與上議院的顛覆。在十九世紀八十年代間，狄爾克（Sir Charles Dilke）、摩萊（John Morley）和哈利遜（Frederic Harrison）諸人所領導的有力的共和運動則辯稱，英國政體的民主化必然是走向共和之路的。美國與法國所開的先例是有著很大的力量的。在法國，即保守分子如譚恩（Taine）者，有時也能很冷靜地觀察此種過程。他在一八七二年所著的《論普選權》（*Du Suffrage Universel*）小冊子中，曾以下面這種理論為根據，說道：「無論我穿襯衣或黑外套，無論我是資本家或小工，任何人不得我的同意都沒有權利來處置我的金錢或我的生命；這話當然是合理的。因此，一個農人或一個工人都該和有產者或貴族一樣有一張選票，也就是理所當然的了；即使他愚昧、無知，又沒有教養，但他的儲蓄和生命依然是屬於他自己的。」自由主義者如巴拉多（Prévost-Paradol）雖然他根本不知道普選權究竟會產生何種結果，在一八六八年時他也為此制度作辯護。他的立論根據是說普選權可以無形中平息一切政治煽動家的叫囂，使他們無從再做更多的要求，所以，普選權還能用以「加強物質秩序與社會和平」哩！法國第三共和自始即建基於男子的普選權之上，主要的緣由正如路易・布朗（Louis Blanc）所指出的，乃是由於「普選權為達到最完美的社會之手段」這一信念的傳播。簡言之，正如不從國教分子的解放與宗教平等一樣，政治平等之所以為人們所接受，也正是因為倘不如此便會導使社會混亂的緣故。保守分子為什麼也會支持或贊助英國一八三二年的大改革法案，或法國的第三共和呢？還不是因為除此一條路之外便祇有社會混亂，國王的政府可能有無法持續的危險，以及暴力革命的威脅種種緣故嗎？而英、美婦女普選權的獲致也正是此一故事的重複哩！

各種理念與本能的理由之奇異衝突，同樣表現在秘密投票問題的爭執上。非常顯著地，秘密投票制的創建遲至一八七二年才在英國實現——僅在第二次改革法案之後。祇要享有選舉權的人可以自由運用他的選票，便不再需要任何其他方法來保證政治平等了。倘使恐嚇與欺騙依然存在，對於貧窮的投票者言，選票實質上是毫無價值的。但許多保證秘密投票的努力都一再地失敗了。十八世紀三十年代的憲章運動計劃，也曾把這一點包括進去。為促進秘密投票以保障投票的安全，英國人還組織了一個秘密投票社（Ballot Society），但進展亦極少。反對秘密投票的理由乃是說，它將造成投票的特權與責任的分裂，而且「人們秘密行動時的動機，一般地說，總是比人們在公開行動時的動機要來得低劣些」。直到一八六八年選舉的出名腐敗與流弊發生以後，才使英國人採取了決定性的步驟。即使如此，一八七一年上議院還是否決了《秘密投票法案》（*Ballot Act*），一八七二年，狄斯拉里（Disraeli）首相亦認為它否定了政治生活的公開性，是一種倒退的步驟，而加以反對。直到葛拉斯東時代，才不顧上議院的強烈反對，與下議院的暗中不同意，通過了此一法案。這樣一個保障政治平等的基本步驟還是經過了劇烈鬥爭、長期拖延，然後方才獲致的。並且，最後還得經人們以生動的事實指出，如若不然，另一途徑又將如何有害等等。

普選權與政治平等所根據的理論並不是迷信，並不是說，祇要有了選票，所有的人都將變成同樣的聰明或具有同樣的才智。就歷史上的發展和哲學上的理論說，人們所以要這樣做，是因為人們相信：一、如果社會上任何一部分人的投票能力被剝奪，那麼他們的利益便容易被忽視，而且還容易產生一連串的難題使國家為之困擾不已；二、如果社會上任何一部分人被賦予特有的投票權，那麼他們也同樣會趨向運用（至少也是被引誘著去運用）那種特有力量來操縱立法和國家的行為，使其有利於他們自己那一部分人的利益，而其結果不良也和上述情形一樣；三、人們不能找到一種有效而令人滿意的標準，以區別憲法上所賦予公民的政治權力的等級，而不致對某些公民有所損害；因此，一個公民一張選票的普遍原則，對於使輿論表現於國家行為中這一點上，乃是迄今人們所發現的一種最好的實際方法。政治平等之終極的、同時也確是原始的理由，其實是非常實際的——因為它在運用上是最好的。

此種考慮並未曾阻礙多數民主國家實驗各種不同的投票方法，英國雖然沒有人投兩張票，但事實上，選舉區商號屋宇的業主便不同於他們的居戶，而享有複數投票權（plural voting），同時大學畢業生也同樣具有此種權利。在法國，一九四五年以前，婦女是完全沒有選舉權的。比利時則祇有有財產的人才有選票。美國雖然憲法的規定完全相反，但事實上，卻有種種非常有效的實際方法可以威脅黑人對於選票的運用。多數現代民主國家都已找到了其他的手段以牽制民選的立法會議的運用，如在由普選權產生的直接民選議會以外，組成上議院，即是一例。但是所有這些方法都祇能造成說不出道理來的變則而已，而從近代趨勢中，我們卻祇能獲得下面這一不可抗拒的結論：近代民主的一貫原則乃是建基於簡單的政治平等之上的普選權。

不僅此也，構成此一結論的還另有理由。在近代國家中，人們日益認為責任政治較之代議政治尤為重要。民主國家與極權國家的區別不在人民能不能投票；而在於民主國家的政府可以隨大多數人民的意向而失去其權力，在極權國家內，政府則是不變換的，所以它才能有不負責而專橫的做法。二十世紀的經驗告訴我們，除非我們能使政府保持對輿論負責，否則宗教的、公民的、法律的或其他的權利都是沒有保障的。一個唯一的政黨安然據有公共機構，並壟斷著政治權力，便是近代極權主義的基礎。而它仍然可以建立一種代表人民的形式；墨索里尼直到一九三九年還保持著代議院（Chamber of Deputies），同時希特勒也製造了一個馴服的國會（Reichstag）來登記他的願望。它還可以保持全民投票方式的直接民選的偽裝。除非當全國人民都寫、說，並自由結合，希望造成一個改變時，其時的政府便真能因而被推翻並為新的政權所代替，不然這一切都不過是騙人的把戲罷了。與一切自由和一切平等的重大要點相比較之下，各種國會以及其他議會的精確「代表性」（representativeness）便成為無足輕重的事了。

為了這種原因，嚴格的政治平等主義在實踐中便必須受到修正。平等主義者也許還要爭辯，認為代表的比例須盡可能地精益求精，這種論據實是從個人的政治平等觀點出發之必然結果。但是任何設計，即使能保證各種輿論都忠實地反映到議會中來，如果它趨向於危害政府的穩定與責任，那麼，它所能給予民主政治者卻容易是害多於利。議會最初是為了產生並監督政府而存在的；祇要代表的比例不太懸殊，不至於讓政府的大部分建築在國內一小部分的選票上，那麼平等主義者便能感到實質的滿足了。

任何政治制度的運用方式，究竟有多少是受了比例代表制（Proportional Representation）的存在與否的影響呢？通常是很難確定的。不過第二次大戰後英、法兩國大選結果的對比，卻告訴我們說，成比例的代表制對法國並無好處。這兩國的政黨都有著高度組織性，有的政黨還有著嚴厲的紀律。在一九四五年的英國大選中，投工黨的票數是一千二百萬，而工黨卻在國會的六百四十個議席中獲得四百席的多數；投保守黨的票數也幾近一千萬，但結果保守黨祇獲得了二百十五席。這是一種很明顯的不成比例的代表制；然而，它似乎並沒有產生一個穩固的唯一政黨，足以尋求一種確定的內政與外交政策。在法國，它那精心設計的成比例的代表制度，使得議院確切地反映了國內廣泛的歧異之見，而且由於選民幾乎已平均分配於共產黨、君主共和黨（M. R. P.），以及社會主義者與激進分子三大黨派之間，此一制度在議院中遂產生了三個強有力的政黨，周圍環繞著若干較小的右翼集團，同時也形成了一連串較不穩固的聯合政府。假使此第四共和的各部機構並不顯著地比第三共和更穩固時，那麼主要便是因為這三大政黨間的勢均力衡，以及因為——正如一九四〇年以前一樣——各屆政府都得是兩個或三個大黨聯合的緣故，其中祇有一九四六到一九四七年的布倫過渡內閣是個例外。所有這些政黨都承認完全的普選權和政治平等的理論是共和主義的基礎。自從戴高樂將軍於一九四七年成為一個新黨的領袖以後，法國主要的爭論並不在於政治代表制與政治平等，而在於一黨政治與多黨聯合的孰優孰劣了。

擁護普選權與有系統的政治責任的最實際理由，乃是說祇有穿鞋子的人才知鞋子的不合式在那裡，同時他也不應該受了罪而不說話。此種考慮對於近代的福利國家實具有特殊的分量，這些國家的政府與行政部門對全體公民的福利、繁榮與安全所負的責任是日益增加著的。與過去歷史相較，在近代的世界上，政府已為更多的人謀取福利了；如果興起了一種新形勢，即人民對於他們自己的福利，以及由誰來為他謀取福利等等問題失去了、甚或減少了發言權，那麼，一個新形態的專制便無形中產生了。國王或公僕的仁慈專制固不因其仁慈而減少其專制的程度。近代這些顯著發展——復因上次大戰而大大的加速了——所造成的理論，乃是與政治平等的原則有著更多的而不是更少的符合。一般人指責蘇聯的委員會以及其他官僚們的共同罪狀乃是：他們及其家庭以為已經為全社會服務了，便得享有種種特權與額外財富。其實建築在行政地位與社會聲望基礎上的特權，是和建築在更冷人憤懣的世襲權、法律豁免權或純粹私人財富基礎上的特權，同樣是罪惡的、是到處瀰漫的。

一言以蔽之，民主主義乃是一種權力的理論，一種如何分配並控制社會權力，以保障個體的最大安全、自由與平等的理論。因此最民主的國家也就是最能有效地使政治權力為一般公民的全體社會利益服務的國家。在今天，權力根本還是意味著國家的控制；因為國家的控制便帶來了所有其他各種形態的權力——如經濟的、軍事的、宣傳的。

在美國，這個問題倒很簡單，因為政治平等的理想與法律的、宗教的平等是同樣地自始便存在於她的政治制度之中的，但是黑奴制度的存在卻又使得問題複雜了不少。林肯也認為黑奴的政治解放乃是美國內戰的副產品；值得注意的是黑人獲得選舉權竟在白種婦女之前，由此可見，在政治不平等的理由上，人們倒認為種族還比性別來得次要哩！

種族的歧異，像階級差別一樣（通常前者是以後者為基礎的），好像是政治平等上一個無法克服的障礙。在近代印度，人們通常認為一個普通的公民身分，與種族的或階級的區別相比較，並不算很重要，這是印度經常產生政治僵局的主要原因。政治平等的概念是特別淵源於歐洲的，它並不容易移植到歐洲以外的地方去；例如印度的階級與種族差別，美國與南非聯邦的排斥有色人種，以及美洲與澳洲的反日本情緒，都曾決定了這些國家的政策與政治。如果我們認為——特別是在聯合國的機構與計劃內——政治平等的原則已為人們所普遍承認，或認為它已在任何地方被人們正式接受，而將正式發生作用，那真是荒天下之大唐。希特勒時代的德國「新秩序」中所傳布與實行的反猶太主義，祇不過是不民主與反民主精神之一面而已。在多數國家中，此種精神都是以攻擊政治平等的姿態出現的。而民主主義則通常被人當作是一種隨時在實現並發現缺憾的政體與政治理論。其實，它倒毋寧是——即使在它最基本的形態上——一種太難在習慣與偏見存在之地區實現的政治制度，而且也很少是經過實驗的。美國有好多州，便依然主張用人頭稅、文字測驗，甚至暴力來約束選民，而從未實驗過政治平等。

法國大概比任何其他國家都更堅定地要試圖運用政治民主的原則，他們甚至將它用之於殖民地與歐洲以外的領域。阿爾及里亞（Algeria）三個省的組織與行政很久便已成了法國本部一部分，一九四七年它們復被賦予一種新的更寬大的憲法。為了要把非洲人改變成良好的法國人，此種「同化」政策在其他地方也都實行過。但它祇獲得部分的成功。即使如此，此種將巴黎的直接代表權賦予法蘭西帝國的所有部分的政策，在第四共和中仍然獲得了保持與擴展。海外屬地在國民大會中有著比以前較多的代表，在法蘭西共和國參政會（Council of the Republic）中也有了更大的代表性，同時，在法蘭西聯邦（French Union）的各機構中，各屬地代表則據有一半的位置。但是即使在法國，數字的平等已不存在了，理由簡單得很，如勞台元帥（Marshal Lyautey）所稱者：為「一億人的國家」的法蘭西帝國，其本部卻祇有四千萬人，如在數字上求平等，勢必演成喧賓奪主的局面。先進民族與落後民族同時存在於一個政治體系之內，嚴格的政治平等在實行中勢不免要受到限制。普選權的所以能夠在歐洲各國實現，完全是由於有了普及教育、較好的社會狀況，與一般生活水準的提高等等條件的結果。政治民主與社會改良是一步一步地連在一起發展的，任何一方面有著畸形的躍進，便會招致這二者同歸破落的危險。

大多數殖民地的區域，在普選權與其他政治民主的因素尚未獲得之前，經濟、社會與教育的進步必須有更多的發展。但這些事實，並不足構成殖民國家的藉口，以永遠保持殖民地民族的落後性，反之，倒是要去改進此種狀況。我們當前的要務，便是使殖民地的行政與政治向著更廣泛的政治民主與社會改良的方向發展。此種方向在《聯合國憲章》的《託管法》各款中，已經獲得規定與通過。《憲章》允許，為了極終的政治平等之目的，而得有暫時的政治不平等的存在，它們的宗旨則在填平帝國主義與民主主義之間的鴻溝。現在最重要的是殖民地的強國應該用誠懇、技術與決斷來將它們的政治導往此一方向。

第五章

經濟平等

我們所知道的，西歐、美國，以及英國自治領這種民主國家，究竟是怎樣一回事呢？一言以蔽之，由於它具有一種為法律所維護與政治所保障的種種權利制度，因此各個公民遂得在很大的程度上確然享有法律面前的平等待遇、信仰與教育的自由，以及自由討論與自由選舉的政治權力。有了這些我們所熟悉的權利制度，自由與平等的民主理想便能獲得協調，並且在大體上也還差強人意。我們知道如何獲得這些權利——雖然，它們常常受到很多的攻擊，有時又遭到侵犯，同時，事先還不時需要更大的創進，它們才能在現代社會中立足。大多數人都很瞭解這些方面的平等真義，而且當這種平等受到嚴重的侵犯時，人們通常也是非常容易看出來的。但是經濟平等卻完全是另一個問題。很多人雖然到死都堅決地維護上面所述的那種自由與平等的權利（像英、美許多自由主義者便是如此），然而一聽到經濟的平等主義的觀念時，便不免畏而卻步了。在任何近代的平等問題討論中，再也沒有比下面這個任務更為基本了。平等的理想既已這樣普遍地為近代民主國家的法律、宗教和政治諸方面所接受，而人們為何卻仍然堅決反對它在經濟生活中的應用呢？我們的任務便是要找出這個答案。這裡便是我們整個論據的真正癥結所在。

首先，我們要問，現在的分析究竟已對這個問題提供了什麼線索呢？古希臘禁慾派的哲學家、羅馬法學家，與十八世紀的理性主義者所以一代代傳續下來的平等理想，是導源於法律制度的：它和自然法以及稍後的習慣法有著密切的關係；到了近代，它才在西歐地域性的民族國家和美國的範圍之內獲得了實現。它徹頭徹腦地是個體權利的問題，至於爭取這種權利的方法則是法律改革與政治行動。它是司法程序（陪審制）向其他社會階級的擴展；國會中的代表制擴大到包括所有成年的公民；簡言之，亦即取消一切法律或政治機構所規定的宗教限制。一旦此種需要普遍為人們所承認，那麼宗教容忍也就能夠藉著一套新的法律與政治的措施而獲致了。

在英國，新教的不從國教分子所享有的宗教容忍，復擴展給猶太人、羅馬正教教徒，最後並包括了非基督教徒；同時，它主要地依然是一個取消舊有的宗教限制的問題。祇要輿論已為這些改變預備停當了，那麼改變也就是很簡單的事，因為它的主要問題乃在於廢除舊法律、摧毀舊特權，和改變過去的習慣。但是財富的不平等，看來卻好像在起源上和種類上都是和這些法律的宗教的政治的不平等絕不相同。如果像這些不平等一樣，經濟不平等也是人為的，那它的意義仍有不同之處；兩世紀以前，很少人相信，除了可能是由於懶惰的緣故外，不管在任何意義上，貧窮乃是人為的。

摩耳（Hannah More）曾被認為是十八世紀末葉一位具有最開明的、人道主義的和進步思想的人，事實上，也確然不錯。但是當一八〇一年西部鬧饑荒、而窮人挨餓的時候，這位摩耳小姐竟對著西番（Shipham）的貧窮婦女們說出了下面這樣的話：

> 讓我提醒你們，也許這次饑荒是全智而仁慈的上帝所允許的，祂要藉此把各階層的人民團結起來，讓人們看看窮人是如何迫切地仰賴著富人，而同時也使一切富人與窮人瞭解，他們都是仰賴著上帝的。它還使你們更能看清楚，你們

從本國的政府與憲法中所得到的好處——讓你們認識階級與財產之分別的利益所在，此種區別才使得上層階級的人們這樣慷慨地幫助下層階級；我要讓你們判斷，如果沒有你們這些上層人士，在這種長期而痛苦的饑荒中，窮人們的狀況又將怎樣。我同時還希望你們瞭解，你們並不是僅有的受難者。誠然，你們在最近的災難中，承擔了你們自己的痛苦——一種很沉重的痛苦；但是在某種程度上，此種災難是普及於一切階層的，倘若富人不是為了你們的緣故而節省了他們平時所應享有的許多用途的話，他們也是沒有能力來供應苦難的窮人的龐大救濟的。我們相信一般的，特別是那些受過良好教育的窮人，乃是把他們所承受的好處當作別人的恩惠而予自己的權利的——若果如此，我將毫不遲疑地認為，上帝也會常常將這種同樣的恩惠施給富人。

這一番話完全承認窮富之間的權利與身分的區別是永久性的，絕對信仰「上帝使人們有尊卑之分，並把他們安排成若干階級」；顯然，即使是今天最保守派中的最反動分子也絕不會說這種話了。但是，讓我再重複說一遍，摩耳小姐的思想當時卻遠在她的時代的前端哩！這可以衡量出，在最近一個半世紀中，社會的見解在基本上有著多少改變。我們今天看來是偽善與做作，而幾個世代以前不僅毫不發生問題，並且還為那些懷著改良窮人境遇的真情的思想家所珍惜著呢！

除非人們都能普遍地瞭解，財富的極端不平等（尤其是貧窮）是人為的，同時，這還是一個有關社會而不僅是個人的事體，否則經濟平等的理想是很難成為一種可在民主社會中實行之理想的；祇有在這時，人們才真的可以說，人所創造的東西，人也可以毀滅之。正是在這種意義上，盧梭（Rousseau）才成為近代社會主義的真正始祖。他認為人的生性是善良而自由的，但卻被壞的社會制度所造成的鎖鏈束縛住了；這種理論便是近代社會改革信仰的基礎。在一七五四年所寫的《論不平等的起源》（*Discourse on the Origin of Inequality*）一書中，盧梭曾獲得下面這一革命的結論：

> 從此種觀察中，我們接著當可知道，自然狀態中既很難有任何的不平等存在，那麼一切目前流行的不平等的力量與成長，當然便是我們的能力之發展和人類思想之進步的結果，同時財產與法律制度的建立復使此種不平等成為永久的與合法的了。其次我們又可以知道，當成文法所單獨承認的精神不平等與物質不平等失去平衡時，它便和自然權利相衝突；一種特性足以決定我們對那些流行於所有文明國度中的不平等應有何種想法；兒童指揮老人、愚人指揮智

人，以及少數特權階級揮霍無度，而饑饉的大眾卻缺乏低劣的生活必需品，這些無論怎麼說，也都顯然是違反著自然律的。

馬克思主義的革命動力大部分係來自它的一貫哲學：即「何以」窮與富的兩極端乃是人為的，以及它們「如何」才能為經濟與社會秩序的改良所摧毀。根據馬克思對工業與近代資本主義的分析，及其勞動價值論，馬克思主義對於所有關心工業社會罪惡的人們提供了一套現成而動聽之經濟的和政治的信條。但是馬克思是有了許多英國和法國的思想家為他開路的，他們已更簡單地掌握了盧梭的概念，即認為貧窮是人為的，因此也可以由人力補救之。而其中最有意義的一位則是：有格拉其（Gracchus）之稱的巴伯甫（Babeuf）。（按：格其拉係紀元前一三三年的羅馬共和國護民官，以維護農民利益而從事政治改革著名。——譯者）

巴伯甫是法國第一個將經濟平等的建立當作一種實際綱領來宣布來企求的人。一七九六年他成為著名的「平等陰謀」（Conspiracy for Equality）的中心人物，此一運動給近代的法國共和主義者遺下了一種影響很大的傳奇。在一七八九年的巴斯狄（Bastille）監獄暴動發生後的數年間，一個「新的富人」階級已在法國掌控了它的權力，他們的維護者便是執政府（Directory）。當紙幣（Assignats，按：係法國革命時以土地為擔保所發行的紙幣）崩潰引起巨大的社會改革時；從貴族與教會中徵用的所謂「國家的土地」便落到比較少數人的手中去了。其中以執政官巴拉（Director Barras）為此種新富人的典型，巴氏滿嘴喊著革命的口號：自由、平等、博愛，而事實上卻營私抓權，不遺餘力。

正是在法國革命的這一階級，巴伯甫、達德（Darthe）、馬勒沙（Marechal）、波那狄（Buonarroti）和他們的同謀者才開始要求一個「第二次革命」，以完成並鞏固第一次的革命。他們認為如果沒有社會與經濟平等，第一次法國革命的公民與政治的成就很快地便會化為烏有。在他們的《宣言》中，他們這樣說道：

> 法國革命祇是一個更偉大、更莊嚴、而同時也是最後的革命之前驅……去罷，貧與富、主與奴、治者與被治者等等可恨的區別……在平等的呼聲中，讓公平與幸福的力量自行組織起來。建立起人人平等的共和國的時機已經到了，這個偉大的所在是屬於所有人的。

由於一直生活在法國憲法醞釀的偉大時代中，巴伯甫和他的朋友都相信：如果再來一次導向經濟平等的最高目標的政治革命，便會完成全部的革命歷程並宣告人間幸福的到來。他們的行動計劃的第一步便是要實行一個成功的暴動，以推翻執政府。然後他們就會宣告建立「偉大的國家財富社會」。這將包括所有現存的公共建築與國家財產；愛國的個人都自動地放棄其資產；曾在公立服務中發了財的人的所有財產一律沒收充公；所有地主未加開發的土地盡收歸國有。當人們都已自動地把他們一切財產獻給社會時，他們便成為新共和國中的完全公民了；祇有貧、老、孤苦之人才可以自由地享有完全的公民權利。遺產制度立即廢除，原主一死，他所有的財產便轉歸社會所有。到那時，誰要想保持他的占有，誰便不得任文武職位和享有全部公民的權利，同時，他還要繳納每年加重一倍的賦稅，直到他的財富也降低到與社會上其餘的人同樣水平時為止。此種國家社會可以立即保證它的所有成員都有平等而充足的生活；反過來，每一個公民也須保證在農業或工業上竭盡所能以報社會。

在此整個綱領中（雖然此綱領有些誇張、過激，而又太簡化），以及在巴伯甫主義者的所有著作中，具有一個不變的簡單信念：即認為經濟的不平等完全是不良的社會與政治制度的產物；認為這種不平等可以藉著沒收、賦稅與集體化的方法補救過來；同時並認為社會的責任則在於供給並維持所有成員最低標準的財富與福利，並為全體人們的共同福利而將每一個人的勞力組織起來。這便是近代人最先為經濟平等理想提出的淺近主張。但是巴伯甫主義者很快地受到了鎮壓，拿破崙又把革命領回經濟不平等之路。由巴伯甫陰謀、同謀者的審判，與巴伯甫的殉難所造成的傳奇，一直在法國存在著，這種傳奇是一切保守分子所痛恨的，但即使常常是被曲解了的，它卻為激進分子、社會主義者與共產主義者所愛護。

然而同時隨著工業制度在西歐與美洲的迅速傳布，極端貧窮的社會問題遂越來越迫切。在一再發生經濟蕭條與崩潰的時期中，貧窮的程度真是大得驚人。同時，當政府通過舊有的濟貧方法，通過社會保險與立法制度以控制勞動、居住，以及公共衛生等等方法來解決這個問題時，政府當局始發現：它必然得採用分等稅收制、繁重遺產稅、最低限度的工資，以及最低限度的生活水準等等原則。人們在激烈地指責並廢棄了集體化的信條時，重分社會財富的集體行動卻已悄然來到人間了。

每一個龐大的現代民主國家，即使她捨棄了經濟平等的理想，也還是在為減少極端的經濟不平等而努力的。她實在模仿羅賓漢，並盜富濟貧；而貧富之間的極限也在天秤的兩端日益減縮著。無論在英國或美國，此種成就都不完全是，甚至主要的也不是社會主義者的功績，更非共產黨人的成就。它同樣是保守分子與自由主義者的貢獻，固不僅社會主義者為然；柏弗立芝勳爵（Lord Beveridge）曾為自由世界創造了一種最完全的社會保險計劃，而柏氏則是一位自由主義者。因此，我們便可以正當地稱此種計劃的過程是「巴伯甫主義的」，而非「馬克思主義的」了，因為它是尋求個人自由與平等的民主原則，從法律的政治的宗教的範疇中推廣到經濟社會生活園地中的結果。誠然，馬克思主義者通常都斥此種計劃是離開了無產階級革命運動正途的一種分歧；是對勞工階級推翻現存資本主義社會之願望的一種誘騙性的腐蝕與背叛性的顛覆。

在此種社會服務的發展中，民主主義者顯然看出，那些早已完成了的法律權利與政治權利的制度之自然而又必然的擴展。他們已能不再注重各種形態的社會經濟不平等是否是人為的，因而也是可以革除的，這種哲學上的問題了。他們的注意力至少已集中到那些顯然可以防止的、極端貧窮與痛苦的問題上。關於這一點，保守分子、自由主義者以及社會主義者都已能在實用與實踐方面共同贊同通過政治行動而建立起一種新權利制度，給予個人以最低限度的社會保障，縱使此保障不能全做到「從生到死」的地步，但至少也可以幫助人渡過他一生所容易遭遇到的大多數的重大危難。不過或許他們已達到此一階段的終點了？

此種可能性在英國已由於討論關於「充分就業」的政策而展開。一九四四年柏弗立芝勳爵出版了他的《論自由社會中的充分就業》（*Full Employment in a Free*

Society）一書，作為他那著名的「社會保險」報告的續篇，而同年，英國聯合政府也發表了關於「就業政策」的白皮書。柏氏稱此白皮書是「劃時代的」，但對它也有下面一段批評：

> 政府在白皮書中把生產手段的私有制當作是基本的，而在我的報告中卻把它當作一種由其結果來評判的方法……戰爭的經驗已告訴我們：當經濟活動的原動力與方向不是由私人利益，而是由集體決定遞來共同福利所規定的時候，一個人人都有價值和服務機會的人類社會還是可能存在的。

正如他所指出的，保守分子的充分就業的概念與自由主義者與社會主義者的概念代表著「社會哲學的差異」。這些深深影響著充分就業的理想及追求此理想之手段的基本歧異，在後來的公開討論和一九四七年的事件中顯現得更為清晰。這裡有一個例子可以充分說明這一點——即對於工作與發動工作二者的激勵問題。在英國大的經濟危機高潮期中，工黨政府與工會都未能阻止「非正式罷工」的流行，貝文（Ernest Bevin）氏於體味了此種經驗後，遂在南港（Southport）的工會會議（T. U. C.）上為勞工指導的政策做辯護。他認為，現在輿論既已反對以集體失業的威脅與運用為刺激來發動勞工，而主張一種充分就業的政策，那麼我們便必須以勞工的行政指導代替罷工。當「富足中的貧困」這一句矛盾的老話所顯示的情形，似乎要被另一更壞的狀況——「缺乏中的貧困」之迫切危機所代替時，貝文便祇得提出「生產或飢餓」來讓人選擇其一。經濟平等的理想——即使在根據能力而使人人有工作的溫和形態下——是與經濟自由的原則相衝突的。自由與平等的理想在劇速轉變和社會調整的時期，似乎常常背道而馳；此種衝突橫斷了僱主與勞工之間的正常工業差異。在包括著有組織的巨大勞工集團這一方面，認為政府的勞工指導破壞了尊崇已久的工人擇業自由，並意味著走向極權的計劃之路。在另一方面，（工黨政府）則認為在集體失業的情況下，工人並沒有選擇工作的自由；而事實上在充分就業的情況下他卻有著更多的這樣自由；同時，勞工指導權乃是達到充分就業的目的之一種主要手段，它實有賴於對所有國家資源（包括勞工在內）做有計劃的運用。有新的權利便得有新的義務，這還不簡單嗎？（註：因充分就業而喪失擇業自由後，其後果如何呢？頗值得考慮。關於這一節，請參看「平凡叢書」之九，哈耶克教授所著的《到奴役之路》一書。——編者）

很有意義，在十九世紀的發達期中，企圖調和自由與平等兩種理想的口號乃是「機會均等」。但無論是拿破崙在法國所用的「敞開賢路」（La Carriève Ouvere

Aux Talents），還是英國的激進派或美國的個人主義者所說的「從木屋到白宮」（From Log Cabin to White House），事實上它們都是意味著企業自由，不受束縛的競爭，以及運用個人能力在經濟與社會上造成為不平等的個人自由。但在二十世紀的比較不發達期間，在兩次世界大戰和巨大的經濟恐慌的經驗之後，代替上面那個舊口號的則是「犧牲均等」（equality of sacrifice）。英國配給制度與復員計劃所根據的原則顯然便是「犧牲均等」；如「人人都有公平的一分」、「先加入者先退出」，以及其他等等口號皆是。羅斯福總統甚至曾表示此一原則可適用於聯合國的主要會員國家，不過他死後這話也就很快地消失了。平等在十九世紀時主要是一個權利的問題；而在現在卻也成了一個義務的事體，同時在發展過程中它已獲得了較少個人主義而較多集體主義的色彩。

在一個主要的問題上使每一個公民都得「各取所需」的社會服務的擴張，已與「各取所值」的舊原則相互連繫起來了。雖然初看來這兩個分配的原則是彼此矛盾的，可是在實際應用上它們卻可以不相衝突。這個道理的最好解釋是最近關於男女「平等薪給」（equal pay）一棘手問題的爭辯。通常認為女人薪給率應該較低，人們所根據的理論是說：男人一般總是要擔負妻子與家庭——維持家庭，而女人一般卻祇須維持自己，雖然這種理論在邏輯上有點站不穩，撇開女人也有其他各種家屬的事實不談，當英國正在普遍缺乏人力而希望盡量吸收婦女投身工業的期間，國家復有兒童津貼和家屬所得稅豁免的制度，便否定了此種理論根據。一九四六年十月「皇家委員會」頒布了一個關於「平等薪給」問題的報告，該報告曾極其詳細地檢討了過去支持與反對不平等薪給的理由，以及未來平等化薪給的涵義及其可能的後果。比較地說，委員會中的大多數是不贊成普遍引用平等薪給原則的，但女委員中有三位少數都發表了一個爭辯甚力的「異議備忘錄」，有力地陳述了薪給率完全平等的理論。反對「大多數人所持的理論上的理由」，並反對據此認為工資較低是效率較低的充分證明。他們宣稱：

在任何時候，當婦女要從事他們從未做過的職業時，他們總是要受到強烈的反對。這種反對是一種貫穿在整個經濟生活中的恐懼競爭的表現，而卻常常深藏在許多最牽強附會的理由之中，毫無疑問，此種對競爭的恐懼大部分，雖然不完全，是由於恐懼失業的緣故，同時復因婦女的工資較男人為低的事實而益加劇。……但我們自己對於介紹此種工作薪率所產生之後果的看法是不同的，因為我們不承認下面這個前提：即在現代情況下，現在的工資差異是反映了一般工業上效率的差異。在我們看來，不平等的薪給是維持機會不平等的一個重要因素。從個人自由與滿足的觀點，以及從國家生產的觀點兩方面說，都是希望打破人為的障礙，同時，祇要環境許可，並讓每一個個人去尋求他的才能所最適合的工作。

正像這一段話的最後一句所顯示的，平等薪給的主要擁護者認為平等薪給不僅與個人的自由權利相符合，而且還能補其不足。雖然採用平等薪給的一般政策的確切方法與確切時機是可以有爭辯的，同時，人們也可以很有力地認為（誠如少數派的備忘錄中所部分承認的）：在一九四七年的英國情況下，要想增加消費力，其所產生的鼓勵通貨膨脹的壞處，遠較其補救不公平的好處為多，但少數派備忘錄中的要點仍是很難反駁的。祇要國家的與職業的兒童津貼制度走上了正軌，那麼根據需要來劃分工資的區別也就不再是必需的了；同時，工資的差異是根據效率的差異的說法也根本不足以使人折服。而其他國家平等薪給措施的經驗也並未證明它們行之不良或產生惡劣的影響。

另一與「工作薪率」相類似，而卻較之更為複雜的問題乃是擢陞機會的平等。如皇家委員會所指出者，社會習俗、思想習慣和偏見都是建立真正婦女薪給平等制的重大障礙。更有甚者，同時也許更能使人相信，它們還是阻止各界各層職位都向男女作平等之開放的障礙。在某些國家（如美國某些州或法國）中，縱使在有些較低層的職業方面建立了絕對平等的薪給制，但在若干機構與工業方面，婦女依然是被完全摒諸較高職位之外的。男人反對受女人的支配，以為女人無力執掌最高職務的一般偏見，並且認為在追求事業上，男人比女人有著更大的堅韌力；所有這些傾向都使婦女不得擔任高級的職務。因此英國至今仍祇有女律師與女行政官，而無女法官；有女內閣閣員、女國會議員，而無女首相；而且也祇有在最近幾年，牛津與劍橋大學才有知名的女教授，但在商業行政與工業管理的最高級職位中，女人依然是極其罕見。此種現象不需在任何天生低能的學說中求解釋，而毋寧在女人比男人在多數事業中，尤以在畢生所從事的職業上，占著較少比例的事實上求解釋；在習慣的力量和人們的情感上求解釋；以及在最高級的指揮與權威上，人們寧選擇男性而不要女性的一般趨勢上求解釋。

正如使所有的人都獲得社會保障的問題一樣，在兩性的社會平等的問題上，以平等為絕對的相似與平等為個人權利的事體之間的區別，是有著主旨上的重要性的。「根據需要」而分配財富或職務並不意味著所有需要都是平等的（一律的）。它意味著「需要」是獨特的、個人的，而且常常是暫時的。年輕的孩子、哺乳的母親、老年人與殘弱者、疾病與失業的工人——每一個人都有其獨特的與個人的需要，而幫他們來應付這種需要已成了公認的社會義務。福利國家所依據的平等原則，其意義是說所有年輕的孩子、哺乳的母親等等都有平等的權利來獲得最好的照顧和有效的服務，而不問他們的財富、社會地位，或作為一個普通工人或養成工人的效率如何；同樣地，要求「平等薪給」的公道則基於下面這種原則，即所有被認為是在某種特定工作上值得雇用的人，都應該獲得與工作相稱的薪給，而不問他們的性別、年齡或他個人的需要如何。簡言之，在「工作薪率」意義上的平等薪給之所以成為可能，乃是因為根據需要而產生的區別已由工資制以外的方法來完成了——即兒童津貼、豁免所得稅，以及適當的社會服務的準備等等方法。平等的這兩個面是互相補充的，而同時二者卻都是個人權利的事體。由於是個人權利的事體，所以才可以通過立法、社會調整和經濟條例等適當的程序而獲致。它們與以前在宗教與政治範疇內所成就的平等權利不同，因為他們需要一個更廣被的社會經濟生活的改革；但是這種不同仍然祇是程度上的，而非本質上的不同。

在一種嚴厲而絕對意義上的經濟平等——通常所說的「收入平等」——又完全是另一回事。真的，祇有很少數人才提倡這種平等。在英國，自從溫士坦萊（Gerard Winstanley）和「聖喬治山的開掘者」（按：該團體曾於一六四七年在聖喬治山開墾公地，實行其平等主義之理想，唯不久即被政府用武力解放，**Levellers**

與Diggers同為英國近代激進主義與共產主義之先驅。——譯者）的時期以來，其中最顯著的一位便是愛爾蘭人蕭伯納氏（George Bernard Shaw），他比大多數的費邊主義者具有更多的巴伯甫主義氣質。他運用他那通常具有的機智與倔強，繼續主張用大致平等的數字比例，將社會所有的財富分配給個別的社會成員。

> 旨在使收入平等分配的政治家，將會發現他必須確定一種薪給數字，俾使有才幹和天才的人不致因為缺乏最充分的培植方法而湮沒。由於此一數字最初勢將超過依全國人數來分配國家全部收入所達到的數字，所以，政治家必須維持官吏與各種職業收入的固定數字，以作國家收入的第一筆開支。其餘的部分他必須盡可能以收入平等為目標而加以分配，使用各種方法來增加國家的收入，並利用此種增加而提高最低薪給的標準，直到一切等級的薪給都提高到確定的數字為止，同時，收入的平等，縱使不是在數字上，也要在實質上獲得實現。

儘管蕭伯納先生這樣倡導極端的經濟平等，但他仍然因為財政大臣每年在他自己的收入中所徵取的比例而大為傷心。

經濟平等的理想，像政治與社會平等的理想一樣，也祇是一種大體相近而不是絕對的事體。正如人們企圖用強迫投票或比例代表制等方法來保證所有公民的政治平等的努力，推行得很少令人滿意一樣，也正如熱中形式的「共和主義」之社會平等的人們，常常不能獲致他們口中所要求的實際內容一樣，嚴格的經濟平等計劃其實也是一定要失敗的。誠然，這些計劃至今還沒有被近代的任何社會主義或共產主義的國家試驗過。甚至在「充分就業」、「社會保障」和「平等薪給」的政策所造成的情況中，無論這種政策如何成功，而為部分時間工作、餘暇雇用、超時工作，以及業餘工作，留下一片廣大的額外收入機會，還是極端重要的事。當生活必需品的適當滿足所造成的基本平等業已獲致時，這些活動便更為重要了，它們應該有更大的機會。同時，國家收入的數字與社會、文化生活的品質也應為它們所提高。祇有這樣，平等與自由兩種個人的權利才可能獲得協調並同時為人們所享有。

確然，基本的生活必需品的供應看來完全與基督教的原則相符合：

他們之間沒有任何人是缺乏的，因為所有的人都把田產或房屋賣了，將這些東西所賣的代價拿來，放在使徒的足前；並根據每一個人的需要而分配給大家。（《聖經・使徒行傳》四章三十四—五節）

這一段關於經濟平等的討論，至今仍與目前的各種事件與運動的主流相一致；它是根據一種假定而來的：即在現代社會中，大多數的財富是社會創造的，而同時其中很大的一部分也將在社會服務以及全球性的或地方性的公共娛樂等用途中，由社會加以控制並予以分配。但是，如果我們能從這裡所說的巴伯甫主義之平等傳統中轉換到另一較舊而極端重要的思想派別，亦即二十世紀稱之為「分配主義」（Distributivism）上來，那麼我們便可獲得更多的解決經濟平等問題的線索。

與高度個人主義之經濟獨立相結合的法國社會平等舊夢，是在小農的鄉村社會中自然產生的，它有賴於以家族作單位的土地分配制，因此，人人都可以享有「每鍋一雞」（a chicken in every pot）和「三畝田與一條牛」（three acres and a cow）。（按：這種夢想與中國老子的小國寡民各自孤立的理想社會正復相似。——譯者）這種夢想——正與巴伯甫主義的集體平等的傳統嚴厲地相對立——在大規模的工業資本主義與高度的現代金融制度已根深蒂固的國家中，是愈來愈成為虛無縹緲的了。它對於城市居住的工人殊少意義可言。這個夢想是法國革命所要予以滿足的主要對象，甚至拿破崙對之亦頗為尊崇。不過拿破崙用以代替此一夢想的所謂「敞開賢路」，卻帶來了更不穩定的力量，以及與早期法國激進分子所想像的農業所有者的社會不相容的「專業主義」，農民的子弟進入了軍隊或參加了國家的公職以後，事實上便不願再回到「三畝田與一條牛」的境況，以及這些東西所象徵的貧賤生涯中去了。

由於完全不同的歷史原因，美國人民卻常常做著這同樣的分配主義之夢。社會平等的夢很自然地存在於拓邊者的社會之中，同時還得因為缺乏傳統的與既成的社會階級制度作梗，此所以這種夢想在美國的輿論中還是一個有力的因素。千百萬根本不知道古老的拓邊生涯的人，而且他們如果遇著那種生活一定會憎恨它，然而，他們仍然尊崇著開路者的生活方式的種種傳統美德。

> 人們可以用不超過省儉的人之能力範圍外的代價購得農莊……他們可以很容易地得到工具去耕種。然後，便像格利勒（Horace Greeley）所說的，他們遂能「與國家同時成長起來」。這種經濟機會的平等孕育出了社會與政治的平等意識，並給予天生的領導者一個很快的出頭機會。

吐克威爾（Tocqueville）在一八二五年所著的《美國的民主》（*Democracy in America*）一書中，便看到了「條件的一般平等」是美國民主的基礎。但是這些條件卻隨著十九世紀的結束而終結了。近代的美國平等主義者的夢想遂面臨著嚴重的挑戰。普利士萊（J. B. Priestley）對此曾有過下面這一段話：

他（按：指美國的平等主義者。——譯者）用粗鄙之言道出了他的心事。他不想忍耐下去了，他打算入伙，跟隨大伙兒走，要正式入伙。這些並不暗示人對自由有一種熱情的關切，然而，這卻暗示平等有無上重要。因為一個正式分子是和其他正式分子平等的。此種夢想有如一個模糊而誘人的空中樓閣，懸在「人是生而平等的」那句歷史名言之上。但這不是十八世紀，而美國也不再有奮鬥的鄉村社群遣送開荒者到廣大的原野中去的事了。你不可能還在西部找得到任何真正的美國早期的純潔。開荒人的時代已過去了……而這自然便是美國左右為難之處……在目前，現實是與夢想相抵觸了。

在美國，和在法國一樣，民主與共和主義的意義是由它們所反抗的種種對象所界定的。它們反抗法律與社會的特權，反抗君主制度與貴族政治，這些東西都是舊政權中所具有的。因此，它們也就是擁護社會平等、機會平等，和個人的宗教、政治與經濟之自由。在舊的意義上，這些理想是深深地印在人們的心頭的；甚至，當緊接著美、法革命而來的工業革命已創造了一種新形勢需要人們對民主概念重新做根本思考，這種情形也依然未變。特別是美國，民主已成為強凌弱的「蝌蚪式」的民主了；機會平等變成了機會主義的自由與殘酷的競爭，在這種競爭中弱者是走頭無路的。舊的世襲的貴族政治已為新的財閥專政所代替，不過由於共和主義的形式還是受到人們的尊崇，所以此種舊夢還曾一度獲得了滿足；愛好共和的美國人民，由於忻歡於君主政體、貴族以及所有舊的與形式上的社會不平等的種種裝飾之廢除，遂自我陶醉，相信那種財閥專制與最嚴酷的經濟不平等無關。在英國與法國也發生過同樣的情形，不過稍為遜色而已。

令人感到印象深刻的乃是：即使在美國經濟生活正常結構與實際結構已經大大地改變的時候，分配主義的理想也依然在美國人的生活中非常活躍。「新政」時期，美國在處理社會問題的方法上有了一種變化，但這種變化並未傷害經濟的個人主義的精神。米特蘭尼教授（Prof. Mitrany）曾描寫這種變化說：

> 美國經濟危機前的最後一任共和黨總統胡佛，曾求助於那些境遇很好的人，並且，套了法國國王的「每鍋一鷄」這一句話，而期望有「每一車房、兩部汽車」的遠景，這種口號乃是作為美國人未來希望之特徵的社會樂觀思想的一部。但是幾年以後一種惡性的經濟不景氣把這種錯覺暴露出來了。因此，一九三二年的民主黨總統候選人羅斯福氏便轉而傾向於那些在美國不斷的經濟競爭中失敗了的人，他並立誓要為「被遺忘的人」（forgotten man）服務……

> 強烈的個人主義所產生的輕易樂觀思想立刻變成了一種令人困惑的焦慮。它是整個精神世界的崩潰。那許多直到如今都需要機會與活動範疇的人們，現在則渴望著保障與安全……新政的全部哲學與政策都是導源於此種心理變化的。

通過一九三三年至一九三五年之間的減少工作時間與產量，以及「公平收縮政策」（pump-priming）等等經濟復元的努力，兩年之後新政遂進入了更積極的政府行動與控制的階段。復由於倡導天然資源的保存、區域性的開發（如田納西流域委員會〔Tennessee Valley Authority〕之類），以及「充分就業」的計劃，新政甚至已達到了國家計劃的階段。美國的國有化與國家統制的措施比歐洲還差得很遠，而且羅斯福逝世後強烈的個人主義的勢力又重新得勢，不過較以前稍弱而已。然而新政府留下的痕跡依然存在，此種痕跡更為戰爭的後果所加深了。

而英國卻代表反面的情形，不是集體主義在經濟生活中與頑強的個人主義做艱苦的鬥爭，反之，倒是頑固的個人主義在方興未艾的集體主義中掙扎圖存。在二十世紀二十年代與三十年代的二十年間，哲士特頓（G. K. Chesterton）與貝洛克（Hilaire Belloc）兩個羅馬正教徒領導下的英國「分配主義」學派，曾有力而堅決地著論反對壟斷、托拉斯、連號公司、國家統制以及其他等等。他們維護小農、小店員，和小工廠的利益。雖然他們的著述很動人，並且也搔著了英國人民生活中的許多癢處，然而他們在英國經濟發展的過程上並未發生顯著的衝擊作用。伯恩爵士（Sir Ernest Benn）及其個人主義者聯盟（Individualist League），在當時以至今日都很活躍，因為他們主要地是集中力量攻擊國家，而不攻擊大托拉斯，因此頗贏得若干大企業家的支持；不過，這時卻也正是社會主義立法進展得最快的年代哩！自由黨（Liberal Party）或至少是其中最活躍的大多數，已將保衛個人主義的自由企業的事遺交給保守黨了，同時，在柏弗立芝與凱因斯（Lord Keynes）的領導下，參與促進更完善的社會保障與政府統制物價與工資的種種措施。同樣的事情也發生在法國；農民土地所有者——分配主義的最後防線——反而支持保皇黨的社會民主政策、支持社會主義者，甚至還支持共產黨人。姑無論分配主義的道德價值如何，它在近代世界中都可以被人認為是一種垂死的主義了；如果人們要在此「平民的世紀」中追求經濟平等，他們將會通過社會服務與福利的集體供應與分配而追求之，無論這些事物是由國家、都市政府、公共服務機關或志願團體所組成的。

工業制度已經改變了財產權的形式，乃至本質。代替了天然的與物質的財產——「三畝田與一隻牛」，我們這些個人所享有的大多數的財富遂包括了法律所創造並承認的對於某些種類貨物與服務的權利。大多數人家的家庭預算已不祇是每週的工資了。它還包括了兒童所受免費教育的權利，以最低代價享用如郵局、電車、全部公共衛生服務設備之類的消費機構的權利，以及防止竊盜與雇主剝削的權利。因為財產權已經這樣擴張了，所以自由與平等的權利也隨著起了變化。如果來自分配得的財產權之自由與平等的自然程度，在我們近代工業社會中有任何相當事物的話，那麼，它必須有計劃地組織起來並以之供應社會。它的基礎卻祇能是參與個人生活和幸福所仰賴之機構的控制與管理的權利。每個人都應該能夠通過自由結社及其個人的公民權利而參與政治的決策；通過勞工組織、商業組織，以及其他同樣的機構而參與經濟的決策。（註：此種理想能否實行呢？可議之處甚多，詳情請參考于平凡著《談民主生活方式》第八、第九篇。——編者）誠然，此一重大的變化減少了獨立性（independence）；然而獲得適當評價的互相依賴性（interdependence）卻也並不比獨立性有著更少的道德價值與精神價值。（註：獨立性與互相依賴性的價值問題，孰高孰低似乎尚有待討論。詳情請參考哈耶克教授所著之《到奴役之路》。——編者）

來自小農所有權——「不必須為一個主人工作」——的獨立性固有其顯著的令人愛慕之優點，但此種優點也有被誇大的可能。要求從一個主人的個人專橫中解放出來，其代價卻往往是屈服於非人的天災之專橫，如欠收、災害以及殘酷的經濟不景氣等；在這種情況下，甚至法國的農民（按：法國農民的獨立性較其他國家為大。——譯者）在請求國家的大量援助上也從不後人。這便是相互依賴，儘管人們可以不留意及此。分配主義的方法之捨棄便需要我們對相互依賴的事實做更公開的接受；同時還需要我們擔負起隨之俱來的種種權利與義務。正如新的自由一樣，新的平等也必得通過適當的政治與經濟的組織，與一種不同的權利與義務制度，才能獲致。正因為人們沒有獲得新的平等與新的自由，所以分配主義的理論在二十世紀還能有其擁護者。同時，它們（按：指新的平等與新的自由。——譯者）至少已經可以使人回想到個人的自由與平等的權利不僅得一代代地再思考、再爭取，而且，民主如果要進步的話，這二者也必須彼此獲得協調。

當勞工階級通過他們的工會而獲得與雇主交涉的權力平等時，較大的經濟平等的基礎也就安置好了。權力祇能被其他形態的權力所抵銷、所限制、所推動，這實在是政治學中的常識。所以大規模的資本主義的經濟權力也祇能由工會權力與國家的政治權力聯合而抵銷之。（註：還有其他許多權力，詳情可參看于平凡所著之《談民主生活方式》。——編者）正因為「必須為一個主人工作」（having to work for a boss）的緣故，才使得國家與工會更需要盡可能的民主化。普選權、公民權利的小心保護、公民個別地或通過自願與自由的社團而直接參與社會事務的管理等等，都從來沒有今天這樣的強大。對於工業民主化的努力，公民、政治與法律的民主不但不是不相干的、無用的和無能的，而且還是空前未有的重要助力。

在這一點上，工會便發生了重要而直接的作用。人們很少瞭解英國的工會在諮詢的、協商的，以至行政的方式下，在政府中扮演著多麼重大的角色。現在許多最重要的部院都有附屬的諮詢機構、高級官吏、各部分主管，甚至部長本人都可以參加此機構中的會議。工會會議定期派會員到這些機構中去，同時，祇要我們稍稍翻閱工會會議的「年報」，便可知道它們所直接尋求的建議的種類是如何的繁多了。全國生產諮詢會、勞工部聯合協商委員會、糧食部的工會諮詢會、全國防火諮詢會，都是戰時的例子。有一位教育司長曾經概嘆道：不久司長們可能因為協商與諮詢過多而死的。雖然這些方法往往不免有粗淺之弊，然而這總是一個普通公民可以干預行政的路向。根據工業組織與開發法案之原意所設立的開發委員會，應該大大地增加了此種機會。

解放以後的法國工會的力量與活動也指出了一個相似的發展。一九四四年法國《抗戰憲章》中將「一個真正的經濟與社會民主的建立」描寫成「限定並取消龐大的經濟與財政的封建制度」，和「建立可以保證私人利益服從共同利益的合理的經濟機構」。這要循工業國有化與工業民主化兩條路線去完成。一方面是要求「生產手段、能力來源、礦藏、保險公司，以及大銀行等巨大的壟斷之收歸國有」。另一方面則是「沿著國家與全體生產者的代表協商後所決定的路線加強全國生產；「維持並發展生產與買賣農工業產品的合作社」；「工人如具備必需條件便有進入商業組織中管理部門與行政部門的權利，而使工人參加經濟生活的指導」。隨著這個雙重程序而來的，便應該是社會服務與社會保障的擴大，其中包括「工資與薪金的保證標準」、「通貨穩定政策所保證的國民購買力」，以及「一個完美的社會保障計劃，那是為保障所有公民在不能自行謀生時仍可獲得生存方法而設計的」。這個計劃不僅是共產黨人與社會主義者表示贊同，而且工會、天主教民主黨人（Catholic Democrats），和各種不同的反對集團也正式擁護。

這是今日社會的趨勢，不僅英、法如此，所有歐洲國家及其他受歐洲影響的海外國家亦莫不盡然。一方面，它首先假定這種所有權，控制權與調節權的力量都在日益增加的國家，其本身便將是一個更完美的民主國家。《抗戰憲章》中經濟建議的前提是什麼呢？它首先應該是在政治上「通過普選權的恢復，思想、信仰與言論的完全自由；出版自由，結社、集會、示威的自由；家庭與通信秘密的不容侵犯；尊重個人與所有公民在法律面前的絕對平等，而建立起最廣泛的民主」。另一方面，它又預先假定：即使是這樣的政治與法律民主也還是不夠的；所有公民必須通過工會、合作社及其他方式，而直接參與生產和分配的全部過程的管理，同時，還必須藉著社會服務的供應、就業保障與養老金而獲得更大的社會保障。簡言之，它乃是傳統的自由平等原則在整個社會生活中一種諧和而必然的應用與擴展。它絕不祇是共產黨人要求國有化與集體主義的叫囂；它乃是一種轉而被調節得適合今日工業社會人類需要的真正民主呼聲。因為，此外沒有其他原因可以使它在原則上獲得這樣普遍的擁護與贊許。

工會民主的危機不在於它所掌握的經濟權力的大小，而在工會會員對它一種漠不關心的趨勢，以及工會內有一種新型「大亨」的出現。工會民主問題與國家民主問題一樣重要。愛好權力的「大亨」，無論在資本主義的企業中、在工會中，還是在國會中，都同樣地是自由與平等的個人權利的敵人。不過，或許三大活動範疇並存的優點是這樣的，在某一範疇內可能興起的「大亨」權利，可以被其他兩個範疇內的民主行動所限制、所抵銷。老羅斯福（Theodore Roosevelt）是美國所產生的權力極大的「政治大亨」，他卻能訴諸輿論以限制許多資本主義的大亨；同樣地，路易士（John L. Lewis）是近代美國最大的「勞工大亨」，他卻可以藉著請求人民的支持而與政治大亨及資本主義大亨相抗衡。在此種三角競賽中，輿論遂成為最後的公正人。在英國——當工黨執政，自然趨向於增加工會領袖們的權力時，其牽制的方法則是使每一位國會議員必需掌握一個選舉區，保持工黨與工會會議的區別，以及反對黨的憲法行動。分權的原則，雖然與孟德斯鳩的意義有別，卻依然是民主權利的保證。

第六章

國際平等

在國際組織中，各國的地位究竟在什麼程度上可以被看作是一律平等呢？已成為我們這個時代的尖銳問題了。一方面，官方的宣言與文件中，經常空談所有國家「主權平等」（the sovereign equality）的觀念。《大西洋憲章》（一九四一年）的簽字國家曾擬從事「增進所有國家，無論大國或小國、戰勝國或戰敗國，都能在平等的條件下，獲得經濟繁榮所必需之貿易原料的享用」。一九四三年的《莫斯科宣言》（*Moscow Declaration*）也承認有「一種必要，於盡早可行期內、在愛好和平之國家的主權平等原則之基礎上，建立起允許所有愛好和平的大小國家參加之全球性國際組織，以維持國際和平與安全」。於是，一九四五簽訂的《聯合國憲章》復重新確定其對於「男人與婦女、大國與小國的平等權利」的信念，並認為此一新組織（按：即指聯合國。——譯者）是「以它的所有會員國的主權平等原則為基礎」。國際間的政治與經濟平等的原則已構成了各種新國際秩序中的正式基礎。

另一方面，同樣也有許多對於各民族國家的實質不平等的推崇。聯合國一直是由擊敗德國和日本之最主要的「三強」（按：指美國、英國和蘇聯）所領導的。所有謀取和平的早期階段都是被這幾個主要強國所支配的，而具有形式上地位的法國和中國則環繞著這三強，而成為此一新組織的維護者。如同舊有的國聯理事會（Council）一樣，在聯合國的安全理事會（Security Council）中，五個常任理事國（上述的五強）與六個非常任理事國（每兩年輪流選任之）之間便有著顯著的區別，在安全理事會中，祇有五個常任理事才有否決權。而支配著安全理事會所統轄之任武力的「軍事參謀團」（The Military Chiefs of Staffs Committee）也僅是由「五強」的參謀總長所組成。

也許，更有意義的是：在布勒登烏茲（Bretton Woods）設立的國際貨幣基金會（International Monetary Fund）和國際建設與開發銀行（International Bank for

Reconstruction and Development）竟根據財政的重要性來劃分各會員國的等級。在這裡，人們甚至放棄了主要國家與次要國家的廣泛區別，而另屬意於一種最巧妙的政治算盤。會員國的投票權力是與它在銀行中所擁有的款項，或它在基金中所占股分成確切的正比例的，而這些數額的多寡卻又早是《憲章》所預先決定的。而且五強也不是都有著同等的數額；其間祇有美國手中所擁有的銀行款額或基金股分超過了總額的五分之一。而特別有意義的是下面這一條規定：即任何現存辦法的改變必須要有五分之四的多數票通過。所以這裡便祇有美國一國有否決權了。所有其他國家則是依據其財政力量而被精確地依次分成不同的等級。上述這兩個機構便恰恰是國際間永久不平等的原則之具體表現。

因之，這一最新的國際組織的實驗基礎便有些自相矛盾，同時在理論上也非常混亂了。它的問題不在於各國該不該都受到平等的待遇，而在於在什麼程度上，和為著什麼目的它們才該受到平等的待遇。在聯合國大會（Great Assembly）和社會經濟理事會（Economic and Social Council）中，所有會員國有平等的地位與平等的投票權。在職能的機構中，如國際勞工組織（International Labour Organization）和農業糧食組織（Food and Agriculture Organization），平等的原則也還是受到尊崇的。但是在安全、軍事行動，以及財政等等重要的政治經濟問題上，國際間的實際不平等卻獲得了坦白的，以至無情的承認。

自然，這種情勢是不可避免的。過去國聯也有其政治重心所在的全體大會，在此大會中，每一會員國都有平等的代表權與投票權，而一切重要決議則必須獲得一致的通過。這種情況是完全不真實的；如果不是有大會中一切重要決議都應獲得一致通過這一必需條件，一九一九年時便不會有任何主要強國肯參加國聯了。因為否則由於許多小國投票的結果，某一國家便得在一種它自己所不贊成的行動中，承擔著主要的、甚至唯一的責任，而那些小國卻受此一行動的影響極少。形式的平等要求一致決議，而祇有公認的不平等才能夠導向多數決議之路。即使在今天，實際的不平等已獲得了充分的公認；而關於決定行動需要的大多數的確切比例，以及在晚近謀取和平的局面中，究應在什麼階段才允許許多小國參加等等問題，都依然存在著甚多的爭論，這也是毋足為怪的。

其實，正因為人是人，所以平等的原則才能合理而明確的用之於人類，但此一原則卻不能簡單地轉移到民族或國家中來，好像它們也是人一樣。對於國家主義有著過分迷信的尊崇，而使兩億人口的國家與五十萬人口的國家在國際問題上享有平等的發言權，就個人來說，勢將剝奪了人的權利。在最民主的社會中，一個僅占全體四百分之一的少數集團，是無權阻止多數集團的一切行動的，而且在有關全體福利的決議上，少數集團也不得與多數集團享有平等的發言權。當然，少數集團也有若干基本權利是為多數集團所尊重的。這便是一個真實的分解，它深切地說明了布勒登烏茲所設立的那種組織（雖然並不是該組織的詳細分解）。如果國家在一般的政治決議中所能登記的票數大致是根據人口的多寡而定，那麼正常的民主原則便可以適用，而且生效了。

但在國際問題上，除了人口的多寡以外，尚有其他許多考慮要計算在內。其中主要的考慮便是權力：這種權力是由天然資源的力量、工業的力量及其潛力、科學智識、經濟力量與軍事力量，以及可用之「人力」的數量等等因素所共同構成的。中國與印度每一國的人口都等於蘇聯與美國的人口數量的總和；但這並未能使中國或印度在任何意義上比個別的蘇聯或美國有著更重的分量。兼之，人之所以為個體乃因為實際上他已完全無法再分解了。人是一個完整的實體，如果把他分解開，他便死了。一個民族或國家卻不是這樣不可分解的，同時，任何認為它是不可分的實體的虛構之說，都祇是建築在虛妄的基礎之上的。認為此一國家必然得與另一國家同享平等的待遇，首先便得假定一種永遠不存在的內在的團結與一致的程度——即使在最高度中央集權的國家與極權的國家中也永遠無法存在的程度。這些顯著的和平凡的說明之所以必要，乃是因為許多關於國際問題的討論都是在這類虛構之說的基礎上進行的。這種情勢存在的唯一理由，乃是自由、平等與多數決議等民主原則無法直接轉移並適用到國家或民族之間。祇有在類似的與隱喻的方式下，它們才能夠被應用於一切國際問題中。不過，在此種意義上，以及在這些附帶條件的範圍之內，它們或許可以很有效地應用到國際方面。

它們在國際方面最明顯的應用，乃在於能夠用協商或仲裁的方式來解決國際間的爭端。如果公道的原則終究要被人應用的話，平等的原則實是一般公認的國際間協商與仲裁之唯一可能的基礎，正如它曾在歷史上作過其他形態的個人權利平等的根本基礎一樣。基於此種假定，國際公法建立起來了，而國際法庭也始得行使其職權。當兩個國家同意協商它們的爭端，或將此爭端委託第三者或法庭仲裁時，它們是互相（即使是默契地）同意將它們之間的權力上的區別摒諸案情之外的。如果權力的不平等被列入解決爭端的考慮之內，那麼它們便可以訴諸戰爭，而強國也就得以為所欲為了；正因為反對此種辦法，他們才同意將權力的不平等從爭端中撤開。因此，他們遂能夠，並且也確已在法律上受到平等的待遇了。自然，雙方都視權力的不平等是與爭端有重要關係的因素，這也正說明了何以沒有任何爭端會訴諸國際法庭。

關於此種法律平等的概念，能否像它在歷史上擴展到一切個人身上一樣，而推廣到包括國際間政治平等的普遍承認呢？這實有賴人們一般地視權力的不平等與國家的獨立、安全與防衛之類的政治問題無關到如何程度。即使有的話，又在什麼情形之下，權力的不平等才會被認為與國家獨立無關呢？首先，而且也是最明顯的例子，就是經驗曾教誨人們說：絕對獨立的目標是無法達到的；像郵政制度之類的普通公共服務的組織便須是國際性的組織，否則即不可能。如果每一個國家都主張絕對的獨立，那麼任何國際郵政顯然都不可能存在了。但由於沒有國際郵政，所有的人都將感到嚴重而難堪的不便，所以為了此一目的之合作才為人們所接受；此種聯合行動的必要一旦被接受，那麼為了此種目的而參加郵政會議的所有國家便必然在供應便利的義務上，以及在獲得所有鄰國的同樣服務的權利上，都是一律平等的了。互惠的原則便是一個偉大的均平主義者；因為在喜愛不平等的雙方之間，是不可能存在著任何滿意的互惠的。

此外，像國際勞工組織所從事的收集情報、探究勞工狀況、訂定共同健康和衛生的標準等等，也是一種與上述性質相同的平等。為了此一目的，不僅國際勞工組織的會員國必得受到廣泛的平等待遇，而且各國的資本家代表與工人代表，彼此之間也都得受到廣泛平等的待遇。尋求一般改良的（同時也是認可的）生活標準，其本身便是一種均平的理想。當然，此種理想無法很明顯地達到。正如國聯一樣，國際勞工組織主要也是以自願為原則的；它沒有任何強制權，同時它的成功不僅有賴於個別國家的自願參加，而且還有賴於這些國家有採納它所建議的各種標準的準備。事實上，祇有較少的一些決議與建議才獲得了廣泛的採納。

很多人對聯合國在一九四三到一九四五年間所設立的新的國際機構的結果，總是抱著幾分希望的，希望它們能為自由而平等的國際合作提供一個新的基礎。這些機構都是各為著一種主要的合作目標而設立的，通過它們的努力，或許能夠創造一個更真實的國際社會組織，但是，無論是就這些機構所達到的成功程度，或者就戰後那些疲憊而有些懼外的國家所接受的聯合國精神來說，都未能給予這些早期的希望以很多的激勵；同時有些機構本身的內在結構——特別是上面提過的布勒登烏茲所設立的組織，也都沒有激勵的力量。但是，這裡依然有一條國際平等思想能夠發展的要道。如果這條路被開拓得很少，那便是國家獨立與「主權」妨害了進步的緣故；又復是自由與平等的理想有了衝突，而平等則為自由所犧牲。

同樣，祇要軍事安全的問題——「和平的維持」——依然是國際關係中的主要問題，則國際平等的概念必須被視為是不切用的。武裝安全的準備直接牽涉到權力的不平等。祇有強國才能維持和平；同時，如果要發動世界戰爭的話，也祇有強國才能破壞和平。這便是安全理事會與目前情勢的中心難題之所在。有力的和平謀取者與有力的和平破壞者其實是二而一的：它正像哲士特頓的《曾經是星期四的人》（*The Man Who Was Thursday*）一書的幻想一樣。

原子能的發現究竟可能在什麼程度上，或何種方式下，而加強或解決了這個難題呢？目前依然無法確定。比較地說，它似乎是要加強此一僵局。如果祇有高度工業化的國家才能製造原子彈，同時如果為了和平目的所使用的原子能，與為了戰爭所使用的原子能能夠有顯著的區別，那麼少數幾個強國便更要強大了；強國與其餘各國家間之強弱的對比便更不平衡了。久之，甚至許多小國更高的工業化，即使它們缺乏其他的力量資源，也將會促成國際間的平等。世界上這許多在人口上與文明程度上極不平等的國家，卻平等地擁有原子彈武裝，這真是危險得很。不過即是在這時，巨大的工業強國仍將在其他方面，在科學知識與物質資源上超過其餘的國家，而它們的霸權也依然將持續不墜。至於由此而引起的許多廣泛的問題，因超出了本書的範圍之外，故不論及。但是許多國家所面臨著的中心問題，正如各國的內部問題一樣，則依然是在個別的獨立或「自由」，與相互依賴或「平等」之間有所抉擇：也就是說它乃是各國究竟將同意在何程度上使獨立性與相互依賴性、自由與平等獲得協調的問題。它們在增進共同利益的共同工作上愈合作得成功，它們便愈將發覺彼此是平等待遇的，並具有平等的權利與互惠的義務；簡言之，也就是每一國家在國內或國際上愈將獲得「考慮的平等」（equality of consideration），這種平等通常總是公平的精義所在。

但是，「國家主權」的概念，在傳統上的解釋乃是絕對的；正如在其他方面一樣，絕對的自由之妨害平等，和絕對的平等所將妨害自由者正復相同。自由與平等，無論應用於國家單位或個人，都該是共同合作的。最近把這二者在國際上加以協調的努力採取了兩種型態，或者像在蘇聯的聯邦組織中一樣，將文化的與地方性的自由和政治的自由區別開來；再不然就如卡爾教授（Prof. E. H. Carr）所說，自由與平等的觀念應用到國際方面便失去一切的效用。這兩種立場都可以個別地予以簡單的檢討。

一九三六年的蘇聯憲法（十三到二十一條）規定：所有社會主義蘇維埃共和國都有「平等的權利」；「每一個聯邦共和國都有其根據該共和國的特殊狀況而制定的憲法」；同時，甚至還規定了：「每一個聯邦共和國都保有自由退出蘇聯的權利」。國家的相同性與文化相異性，甚至都受到聯邦政策的鼓勵，因為這種差異被認為是在共產主義經濟的大間架與聯邦的蘇維埃制度之中，不僅無害，甚且有利的。在這方面，文化自由與民族情感便和國防所需要的權力分開了，這種權力是受到整個聯邦保證的。這樣分開之後，聯邦內的各民族單位的自由與平等便能夠獲得協調，雖然它二者不免都因此而受到若干限制。不過無論人們對這些組成聯邦的共和國所賦有的外在自由之實質如何懷疑，但是在布爾什維克黨所執行的十分嚴厲的黨的控制下，及其所實行的馬克思主義限制之下，確然是存在著很廣泛的文化差異和自由的；（註：這些自由都是根本不重要的，這不過是克里姆林宮用來欺騙蘇聯境內少數民族與國際人士的幌子。在極權國中，失去政治自由的文化自由與平等，根本是無意義可言的，我們總不會忘記，在希臘的奴隸確曾享有更多的文化自由，不過，近代的民主主義者，並沒有人去宣揚那種自由。——編者）而同時，地方性的民族主義也被認為是更廣大的俄羅斯民族主義的細胞。

在另一方面，像卡爾教授之類的作家，則否認民族自由觀念與民族平等觀念的一切實質：

> 自由對於一個國家來說，祇有它當為該國的所有人民（男人與女人）所要求，並且認為是與他們的自由有著密切關係的時候，才有意義可言。但是像在兩次大戰期間所出現的那種一致否定國內大部分人民的基本權利與自由的國家自由，實在是比名詞上的矛盾高明不了多少……也和自由的權利一樣，無論怎樣解釋與怎樣調節，平等的權利都祇能行之於個人，而無法行之於國家……未

來和平的謀取者所必須求以建立的自由與平等，並不是國家的自由與平等，而是將表現在男女的日常生活中的自由與平等。

誠然，正如卡爾教授所指出的：「社會公平所要求的機會平等乃是個人之間的平等。」民族以至國家都是可分的；而個人則不可。權利祇能為不可分的實體所固有——可分的實體的權利，如教會及股份公司的權利則是政府為了法律的便利起見而創造的，也和美國的憲法一樣，不問種族區別的公民權利的平等也是受到正式尊崇的。蘇聯憲法第一二三條寫道：

不問種族的區別，蘇聯公民在經濟、國家、文化、社會與政治生活等一切範疇內的權利平等乃是一個不可廢除的法律。

種族的區別是被正式阻絕了的，而事實上則是被避開了，不過思想或政治信仰的差異卻又招致了很多區別。（註：更嚴厲的、更不可動搖的。——編者）

一九四六年法國第四共和國的序言中也宣稱：

每一個人，不分種族、宗教或信仰，都有其不可侵犯的和神聖的權利。……在法律面前，男人與女人是平等的，……國家保證兒童與成年都有享有教育、職業訓練及文化的平等機會……法國保證所有人民的公共服務的機會平等，以及個別的或集體的對上面所宣布或確定的權利與自由的運用。

在一九四四年國際勞工組織所起草的《費城憲章》（*Philadelphia Charter*）中，對達到社會公平所必需的權利，也有著類似的陳述。它包括著如下的肯定：

所有的人，不分種族、信仰或性別，都有在自由與尊嚴、經濟保障與平等機會的條件下，追求他們的物質福利與精神發展的權利；這些能使此種權利實現的條件的獲致必須構成國家與國際政策的中心目標。

在很多方面，這都是一個絕對的時代：一切極權理論所推崇的絕對國家；絕對的領袖、種族、民族或階級；像在柏羅森（Belsen）或塔橋（Dachau）的絕對趨於腐化的絕對權力；與「從搖籃到墳墓」的絕對社會保障結合的「充分就業」；甚至通過原子威力而來的絕對毀滅。在這許多絕對的人、信仰、組織與理想之中，有一種和這些絕對相反的不容取消的自然的個人權利之信念的興起，實在是有益的。但是，民主主義者當然可以動問：醫治絕對主義的正確方法，以及從一切束縛中「解放」出來的要求會不會又是一個相反的絕對主義呢？絕對的自由與平等和絕對主權或絕對安全一樣的是不實際的要求。以毒攻毒往往是很危險的事。絕對主義的真正反命題是平衡，正如衝突的真正反命題是協調一樣。祇有個人自由與社會保障的要求獲得了平衡，自由與平等的理想、獨立性與相互依賴的理想獲得了協調，一個更完全的民主社會才可以建立起來。

對於過去為國家主義利益而產生之過分要求的正確答案，並不是否定它未來要求的任何效用。十九與二十世紀的每一個國際主義運動，從共產國際到納粹的「新秩序」，以及從國際聯盟到聯合國，都大部分是被國家主義的力量所破壞了；同時，它至今未成為一種衰憊的力量。不過，不管它是怎樣一種不合適的、礙事的和妨害的力量，它依然甚為強大；因此，它就不是與和平、福利和安全的追求毫無關係的了。

國家主義仍然存在；而且並不比俄國的列寧主義的社會主義國家有著更多的衰落的象徵。因此，我們必須把國家主義估計在內，同時，如果可能的話，並把它加以控制與利用，使有助於進步與和平的發展。祇要人們認為國家的榮譽、獨立、團結與安全是他們自己的幸福、自由、福利與安全的一部分，那麼，它甚至於和個人權利的追求都有著很直接的關聯了。像《費城憲章》中那些近代個人的天賦權利主張，與認為一切人（男人與女人）的利益與幸福必須是（所有社會、經濟與經濟組織，以及國家的與國際的種種努力的）最終目的的看法，都是極權主義時代最有益與最及時的消毒劑。不過達到這些目的的方法或許有賴於國家的與國際的雙重行動，俾得擴展並加強國家的與個人的安全、自由和平等。我曾說過，國際合作的很多方面都可以毫無疑問地視之為行政上而非政治上所增加的事務。像全世界航運之類的便利運輸的計劃，即可以歸之於國際郵政服務的範疇之內；甚至原料的供應與世界金融組織都可以獲得順利的合作，並逐漸脫離妒忌的與傾軋的國家主權的窠臼。至於在內政上，則個人與國家的更大自由與平等，也可以由於更多事物的「脫離政治」而告出現。但是在它尚未出現的長時期內，政治範疇之內依然會存在著一種非常重要的殘餘。

在這種國際問題的「政治殘餘」領域中，權力的因素是難能消除的；同時也不可能有權力的平等或絕對的獨立。它最多祇能有權力的均勢，或用卡爾教授的話來說：「為了安全的維持與地理區域或國家集團之有計劃的經濟發展，而產生的國際均勢或區域性均勢」；以及在這些國家與國家集團之間，發展著一種不是權力的而是地位的平等；也就是相互尊重國家與國家集團之傳統，獨立存在，與人的價值。在國與國之間，正如在人與人之間一樣，待遇的公平與「考慮的平等」或許便是所最可能接近的希望；在此種真實的和有限制的意義上，也並沒有證明國際平等是無法獲致的。大英聯邦、美國的多數民族的社會，即已各在其自己的途徑上指出國際平等是如何獲致的了。

至於世界列強與殖民地民族之間的關係，從目前《聯合國憲章》的第十一章所正式規定的一般「託管距離甚遠」（trusteeship）條件來看，依然為與「考慮的平等」；不過公平待遇的原則至少已被正式承認了。所有聯合國會員國都已「承認這些領土（按：指殖民地區域）中的居民的利益是首要的」，並已承認「把這些領土中的居民利益提高到極限的任務乃是一種神聖的託管」。此外，在《憲章》的第十二章中復建立起一種特殊的「託管制度」，根據此種制度，凡加入關於某些區域託管協定的國家是要向託管委員會（Trusteeship Council）負行政上的責任。負託管責任的國家必須經常向託管委員會做報告，託管委員會可以接受被託管的區域的請願，而託委會也還可以做定期的視察。因此，一方面所有殖民強國都承認了公平待遇的一般道德責任，同時另一方面列強對於它們以前的委任統治區政府，也有了特殊的政治措施。在原則上，帝國主義的列強與其附屬的殖民地之間的關係已經向更大的平等邁進了。不過另一方面，迄今所有的一切託管協定都是主張：把被託管區域更進一步的同化，並歸併於各該有關強國的正常殖民制度之中。所以，殖民地的關係也和國際關係一樣，已經達到了一種階段，即行為標準、最低限度的一般公平原則，與基本人道觀念，已在確立定義與承認的過程中；然而在這兩方面，執行的問題依然祇獲得了部分的解決。更大的進步則一部分有賴於「負責」（accountability）的原則所受到的尊崇與維護的程度如何；而另一部分它更有賴於平等理想在民主的殖民強國本身之中，從國內擴展到國外政策上的程度如何。像仁愛一樣，平等也是從內部開始的。

因此，最後我們必須尋求「男人與女人的權利」和「大國與小國的平等權利」之間的關係如何，這些權利是《聯合國憲章》中所說到的，而且所有《憲章》的簽字國家都曾特別保證它們要完成這些權利。在這裡，我們便觸及了作為人權的自由與平等的關係的核心，因而也正是平等這一「現代問題」的癥結之所在。

第七章

結論：自由、平等、博愛

一位法國的社會學家波格勒（Célestin Bouglé）在一八九九年曾寫過一部歷史學與社會學的著作《平等的思想》（*Les idées égalitaires*），產生平等思想的兩個主要的歷史時代，乃是羅馬帝國的後期與西歐和美國歷史的最近兩世紀，為什麼呢？他要尋出原因來。他的結論說，這兩個時代之主要的共同特徵是大量而稠密的人口之流動，使具有各種不同文化背景的個人結合在一起，而各種分歧重疊的集團得和平共處，結合成一種新的共同文化，因而產生了平等思想。

他正確地看到了，在某些社會條件與思想之間建立起這樣一種相互關係，並不是決定何者是因何者是果；人們可能因為要成為平等的人才如此地自行組織起來。但在任何情形之下，社會條件與可行的理想之間都有著一種密切的交互作用。我們這個時代中最活躍的可行的理想便是平等；曾經有助於提高此種理想的社會條件，一部分是從理想的選擇中表露出來的。瞭解了平等的理想及其實際的涵義，便更易使人瞭解產生此種理想的條件與這種理想所導向的情勢。

一九四一年，羅斯福總統對我們這個時代的一般理想曾做了一個最簡單的敘述。羅斯福的第三度當選是決定他的命運的一次，在這次當選之後，他便說道：

在我們企求獲致安全的未來歲月中，我們嚮往著一個建基於四種主要自由之上的世界。

第一是無所不在的言論自由。

第二是無所不在的每一個人都有根據他自己的方式而信仰上帝的自由。

第三是無所不在的免於匱乏的自由，用世界眼光來看，也就是意味著一種將可以保障每一國居民健全之平時生活的經濟協議。

第四是無所不在的免於恐懼的自由，用世界的眼光來看，也就是意味著一種世界性的裁軍，這種裁軍要達到一種徹底的程度，使任何國家都無法向鄰國從事武力侵略。

「四大自由」中的前兩項，倘予以國家的政治獨立，則能在個別的國家行動的範疇之內獲得保障；而後兩項則不能。這兩種自由，甚至爭取接近這兩種自由的自由，都需要世界性的組織與行動始能獲致。因之，無疑地，世界上大多數男女所共有的這種共同理想，是仰賴於國家行動與國際行動雙管齊下的。

前兩項自由已經獲致了，（註：在某些國家中。——編者）它們的獲致是由於個人自由與個人平等的理想之協調；至於此種協調是如何達到的呢？本書第二、三、四諸章中已有所敘述。而後兩項自由則至今都未曾在世界歷史上獲得一致的實現。但是它們也使自由與平等的孿生理想受到適當的重視；而它們可以怎樣獲得部分調協的問題，亦已在第五、第六兩章中敘及了。不過嚴重的問題依然存在：第三與第四兩種自由究竟能在何種程度上同時獲致，並與前兩項自由獲得協調呢？免於匱乏的自由、免於恐懼的自由在近代世界上能與言論的自由和宗教信仰的自由相協調嗎？

誠然，「……的自由」（Freedom of……）是與「免於……自由」（Freedom

from……）有著若干區別的。言論的自由與信仰的自由在本質上是免於受他人支配的自由。免於匱乏與恐懼的自由在本質上是免於物質需要之束縛的自由。前兩項自由牽涉到人與人之間的法律的、公民的與宗教的平等。後兩項自由則牽涉到人與人之間的更大的社會、經濟與國際的平等。從個人方面的觀點來看，四大自由中任何一項自由被剝奪的痛苦都是意味著個人更要受他人的擺布，或許現代要求更大平等的主要泉源便在於下面這種意義上：甚至惡劣的經濟狀況都要在人與人之間不平等的形態下侵害個人，因此自由也就沒有了。不過它是與一種信仰相混合的情感，這種信仰是什麼呢？就是說如果人與人之間的合作代替了人與人之間的競爭，那麼，所有的人便能夠獲得更大的自由，同時也就獲得更大的平等了。匱乏與恐懼依然保有那種非人的災害的原始性質，這些災害之所由造成，源於非人的物質條件與超乎任何人之控制的情勢者，遠較源於他人的直接意志為多。正如饑荒與戰爭會一致被視為與地震、洪水、火山爆發等同屬於人類的災害一樣，所以匱乏與恐懼也仍然保持其舊有的令人畏懼的非人性質。但是，也正如饑荒與疾病的影響可以因近代的組織而減少一樣，因而匱乏與戰爭也可以憑著人類的組織才能與技術而加以防止。

獲得言論與信仰之自由與獲得免於匱乏與恐懼之自由二者間的最重要區別，乃是後者需要更精密、更深遠與更徹底的配合行動。它需要一種比大多數人、大多數國家所已經表現的、能夠達到的更大社會團結、更高品質的更富想像力的人類同情心，以及在思想與行動上更高度的持續不變之合作。

免於匱乏的自由在更大的社會保障之主要形式下，需要一種社會團結的理想，以匡正過去那種病端，祇著重攫取財富之個人發展；需要一種祇有在沒有嚴重的貧富不均情形下才能發揚的社會良知；並需要一種原則，應使財富的接受邁向「各取所需」的原則，而不是簡單地停留在「各取所值」的一階段，將按需給酬的原則介紹到基於按值給酬的社會與經濟制度中去，便發動了一種導向自由經濟政策以外的平等主義之運動；同時，這種新的革命性原則一旦被介紹並普遍接受之後，其勢便將覆蓋、代替，最後或許且吞噬了按值給酬的舊原則。（註：此種取銷「按值計酬」的想法未免太天真！——編者）在此過程中產生了一種新的社會團結，也就是一種集體負責的意識，這種意識會削弱創發力，但卻把團結置於創發力之上。它產生了更進一步平等的要求，並將人們從承認更大的社會平等導向籲求更大的經濟平等。波格勒氏認為是通常造成平等主義運動之分歧與流動的社會條件，至此則變成更大的團結與穩定的狀況。西方民主國家目前便正在經過這樣的轉變。

同樣的情形，免於恐懼之自由的理想，在更大的國際安全主要形式下，也：一、需要一種國際團結的理想，以匡正過去的弊端，不再一味地著重擁有武力的國家主權與獨立；二、需要一種決心，以減少國際間力量上之不平等，或者視力量與解決國際爭端無關；三、需要接受一種原則，應使爭端的解決依賴法律與公平的試驗，而不靠強國的力量。這也是一種具有高度革命性的原則——這原則的革命性太高，以致迄今尚沒有被任何主要強國所充分接受，沒有任何強國肯參加一種國際組織，而不得在該組織中保留否決議案的絕對權力，或不能從該組織自由退出，而訴諸其本身的武力。（「強制仲裁」在兩次大戰中的失敗是此種態度的充分證據。）因而到目前為止，世界所達到的最接近的「免於恐懼的自由」，乃是有力的敵對強國、或強國集團之間的某種均勢。此種「均勢」可以提供相對的安全，那就是暫時免於侵略恐懼的自由。很有意義，最近幾部對國際問題有深刻瞭解的著述已轉而採用「均勢」的概念。（註：一九四五年，E. L. Woodward所著《原子彈的政治後果》〔*Some Political Consequences of the Atomic Bomb*〕；E. H. Carr所著《民族主義及其後》〔*Nationalism and After*〕、P. Mathews所著《歐洲的均勢》〔*European Balance*〕諸書中均已引用「均勢」一詞。——譯者）由於國家分立主義依然很強烈，因而阻礙了堅固的合作，這乃是代替一個強國獨霸世界的唯一途徑。國際關係已經陷入一種罪惡的循環中了。祇要每一個國家都是考慮到如何防止失敗，而不是如何防止戰爭的本身；因此隨著均勢而來的乃是瘋狂的軍備競爭，而同時免於恐懼的自由也就不存在了；不過沒有一個有效的國際權威來保持和平，每一個國家也自然地而且應該像關心防止戰爭一樣地關心防止它自身的失敗。「如果你希望和平，你得準備戰爭」這句矛盾的說法常常在一切國際問題上作崇，這在第二次大戰以後比兩次大戰之間還要來得尖銳。

在這一矛盾說法的後面，存在著一個更為現代的兩難問題。隨著納粹軍隊之侵入各國；人們目擊到一個個國家中的人類自由的大量毀滅。有些人會從這裡獲得一種教訓，認為祇有阻止任何地方的政治民主遭受破壞，甚至不惜加以干涉，這樣的災害才能夠被制止。但是大多數人對此的最初反應乃是：祇有他們本國的疆界不受侵犯，以象徵著他們的國家獨立，個人的自由才有了保障。祇有極其幸運的可以保持疆界不受侵犯的國家，才得避免柏羅森或塔橋的經驗。所以疆界與疆界的問題，在求得和平解決的努力上已顯露出遠比多數學者們所預測者重大；人們維護前兩項自由的熱誠，卻加強了挫折他們獲致後兩項自由之希望的力量。

因此，很顯明的，戰後的蘇聯也和戰前的德國、義大利與日本一樣，言論自由與信仰自由並不像在民主國家那樣地受到保障。蘇聯外交政策為卑鄙的恐懼與懷疑所支配的程度似乎已證明了此一事實，儘管如此，蘇聯或許可以說，它的免於匱乏之自由以至免於恐懼之自由，比任何地方都有著更大的保障。如果認為這兩項自由之達到這樣程度並沒有嚴重地犧牲四大自由中前兩項自由，那實在祇是一種簡單地欺騙之詞。「愛好自由的國家」一詞之所以為官方聯合宣言中所普遍採用，正是因為它便於掩飾聯合國中幾個主要國家間在展望上的深刻歧異。

因之，又祇有讓民主國家再度做一次最野心而又最大膽的實驗：試圖同時更進一步地走近四大自由的完成。由於「免於恐懼的自由」在國際上是一種特殊的——雖然確不是一個分開的——問題，而牽涉到許多超乎它們所直接控制以外的因素，所以，對於民主國家來說，此種實驗最初乃意味著一種通過民主方法而獲致社會保障與充分就業的努力，那種方法是不得損害言論或信仰自由的。

誠然，在今日的世界上，這便是人類的根本衝突。它一方面是自由主義與社會主義的戰鬥，另一方面則是共產主義；因為所有的政黨現在都在追求著社會保障的同類目的。所有英國的三大政黨與法國的三大政黨在其最近一次選舉中所爭執的都是方法，而不是目的的問題。正如所有英國的政黨都採用「柏弗立芝計劃」一樣，所有法國的政黨也都以《抗戰憲章》為黨綱。但是它們之間在個別情形上，為達到共同目的所運用之方法上的差別，卻具有根本的重要性。在戰後英國的經濟範疇中，要獲得社會保障與充分就業有兩個方向可循：那就是說，或者回到為極少數人所控制所規範的私人企業基礎上，或者，則前進到主要的生產手段與分配手段為集體所有、為集體所控制的基礎上。在法國，問題則在於《抗戰憲章》中的目標之追求究該通過何種方式，是通過一種可以充分保存自由權利的議會共和制度呢？還是通過一種要為集體計劃而犧牲大量個人自由的更極權的秩序？無論美國人如何想，在戰後那些依然很容易造成戰爭的年代間，國家的極權與民主問題，已不再是這兩國的真正問題所在了。問題是或者通過民主的手段以追求充分就業、社會保障與經濟計劃，而不致毀壞人類的自由價值，或者便通過極權暴力的方法以追求之。這便是我們這個時代的主要政治挑戰。

以上關於平等理想成長的一般檢討，究竟有些什麼意義呢？這能給面對此一挑戰的充分民主回應之性質與遠景提供一些什麼線索呢？其要點或可列舉於下：

一、關於平等的理想，重要的是——根據以往經驗的教訓——我們既不應對它有恐懼或恐怖的反應，也不應誇張達成此理想之努力的可能效果。政治的、社會的或經濟的平等，其本身並不是一種萬靈藥；平等如失去了自由的協助便毫無民主的意義可言，不過，自由如果與平等的理想沒有適當的協調，結果也是一樣。祇有當平等被看作是民主理想的一種正常的、傳統的與不可或缺的一部分，像它過去在歷史上所發展的一樣，人們才能對之有適當的尊崇，但也有適當的懷疑，使它成為一種實際上可以獲致的事物。

二、與平等理想有關的近代實行方案與願望，如充分就業、社會保障與積極的社會服務國家等，應當從其適當的歷史背景上予以評價；而把它們當作過去平等成就的擴大，是最近增加的部分。人們很早便承認了法律平等的涵義，因為他們從習慣法中承繼了一種平等的傳統。美國、法國與較小程度的英國，都在此種傳統之上長成了一種宗教的、政治的與社會的附加傳統。這種傳統已根深蒂固地存在於此三國之中，不過各國對此三種成分的著重點有所不同而已：美國最推崇社會與宗教的平等，而法國則最推崇社會與政治的平等。在所有這些國家的發展中，平等與自由的價值都是同時而又協調地發展著的，並且也祇有當它們獲得協調的時候才會有進步。在二十世紀的種種事件的壓力之下，經濟平等的理想已掌握了人們的思想，人們視之為解救大批失業、解救貧困、解救不安全和恐懼的藥方。我們實在找不出明顯的理由，倘或我們真有日益成長的社會與經濟平等的傳統，何以此一理想的歷史發展不應在一個新的社會秩序中獲得更進一步的擴展；不過如果這種擴展要獲得一般的承認並證明其持久性，那麼它必須再度有系統地與人類自由的理想求得協調。

三、在過去，祇有當鬥爭的雙方都已勢均力敵的時候，各種不同形態的平等才獲得了普遍的承認，並與自由求致協調。沒有此種均勢，便要有一方被制服，而自由與平等二者也都要受到損害。因此，十六與十七世紀的宗教鬥爭，祇有當任何一方都不可能永久屈服的事實已經顯然的時候，才得以宗教平等的原則之獲得承認而告結束；當法律特權被推翻的時候，非特權階級已是不可抵抗地強大了；而政治平等之所以獲致，也正是因為要求它的運動已經威脅到法律與秩序的存在，同時，贊同與反對擴大選舉權利的雙方政黨也已勢均力等了。所以，在過去三十年間，隨著有組織的勞工運動之興起，並賡著社會不安全，大批失業與貧困等更痛苦的體驗之後，社會與經濟的平等遂日漸獲得了人們的承認。這便是二十世紀的時事潮流，並且，我們還有強有力的理由相信，這種潮流是不可遏止的。人們愈嚐到了平等的味道，要求平等的胃口也愈益增大。若果如此，近代民主主義者的主要實際任務便不是反對更大的社會與經濟平等的成長，也不是悲悼這種趨勢，而是保證它可以與自由的理想，以及現存的民主的平等形式（註：指法律、宗教、政治等平等。——編者）充分地獲得協調；因為這不是一種新創的、敵對的與外來的力量，而是早已植根於西方民主的起源與本質之中的一些原則的擴展。如果我們不歡喜這個，我們便不歡喜民主，因而最好也就不必再裝作民主主義者了。

四、無論集體行動與合作計劃是怎樣可望作為達到這些目的之方法，但是，衹有當自由平等的理想都已牢固地根植於對個人人格之尊重中時，這兩者才有協調的可能。因此，陶奈教授所希望的平等乃是這樣的：

人類的天賦才能原有很深刻的區別，而文明社會的特徵則是首在消滅淵源於社會組織本身，而非淵源於個人差異的種種不平等，蓋個人的差異乃是社會能力的泉源，如果社會的不平等實際上得以盡量減少，個人的差異且將更易於成熟並獲得表現。

祇有外在的物質條件上劃一性的平等，而不尊崇那種與人類自由相契合的人類精神的內在平等，這種平等主義根本不是民主的平等主義。一世紀前吐克威爾在其所著《美國的民主》（按：實際上乃是研究社會平等的）一書中即曾注意及此：

平等的原則產生了兩種趨勢：一是導使人直接走向獨立，並可能突然驅人於混亂狀態；另一則是以一條更長遠、更秘密，而且更確定的道路，驅使人們走向奴役。

簡言之，社會與經濟的平等不僅須與社會自由經濟自由相結合，而且還須與法律、宗教及政治的平等相結合。因為不獨自由可以為平等之補充，同時任何一種形態的平等也都可以為每一種其他形式的平等之補充。祇有物質平等而沒有對精神平等的尊重便會走入專制的陷阱。

從歷史上與哲學上整個來看，構成民主理想的各種元素實是互相匡正的力量。那種要犧牲政治自由或政治平等才能獲致的經濟平等，並不是在民主範疇內所能獲致的；而那種要否定社會平等與政治平等的經濟自由，在民主社會中也需要重新考慮並予以限制。物質平等與精神平等之間的關係是很重要的。如果說一種對財富、服務、娛樂做機械式的平等分配是不公平的，那麼，把他們分配得太不平等也同樣是不公平的，而且還要妨害人們對於所有人的人格做自發的尊崇，像這裡所說的精神平等即是。外在的條件與環境的平等是可以強制實行的，而內在的對人格尊崇的平等卻無法如此；並且後一種平等乃是比前一種平等更高形態的平等。不過，如果不注重前一種平等，則後一種平等也無從滋長與發展；因為它好像一種植根於文明的民主社會土壤之中的脆弱的植物。因此，平等理想的各種不同形態，也都應彼此在更為廣義的民主理想主義內獲得平衡。

那種可以滿足民主理想的平等祇存在於下面這樣的人類關係中：那便是對於每個人的人格做自發的尊重已是當然的事，並且還是日常生活不可缺少的一部分。教友會（Society of Friends）或許便是最徹底瞭解此種理想的社團。至於在一個民族國家的民主社會中，則通常祇須較此種情形稍差便夠了；不過如果它要繼續做一個能動的與進步的民主國家，此種理想便得滲入它的內政與外交政策中去。儘管目前我們爭取較大平等的種種努力常常是躊躇、困惑而粗淺的，但是，平等的理想，並不因此便要受到排斥，反之，我們倒是要更精密、更透澈地瞭解平等的意義。本書的論據對此所提示的臨時答案乃是說，平等的意義大致是三重的。

最初，平等是預言家、哲學家、有識之士，以及夢想家等所倡導的一種理想，這些人在歷史上都受到他們所反對的思想體系與社會組織的限制。這些人是誰呢？便是十八世紀的美、法兩國的革命者，早期的英國激進分子，和法國的巴伯甫主義者。人們通常總是用一種粗淺的、空想的與過度簡化的方式來陳述這種平等，而且還把它同平等的理想連在一起。（註：空想的平等。——編者）當這種理想掌握了大部分人群的思想，並用之於法律與政治的措施，或社會與經濟組織等等現實問題上時，一種新的平等也就此產生了。這種平等在表現上還可能是粗淺的與不完美的；但是通過一天天強制執行的平等的經驗，一種新的生活方式（不論其如何不完美）興起了，並獲得了接受，而同時一種更民主的社會也產生了。在此社會之內，平等的理想也如自由的理想一樣繼續獲得擴張與精鍊，直到它能表現在人類活動的廣大範疇中為止。這些活動包括對其他國家的或殖民地社會的行為，以及國內政策等。（註：社會的平等。——編者）最後，從這樣產生的新生活方式中，又產生了第三種平等。這是一種不受社會組織限制的自發性的人類關係的景象，此種景象乃是家庭中兄弟姊妹間關係的特徵，同時，也就是近代民主先驅們所說的「博愛」。（註：人類的平等。——編者）在近代史上，沒有任何大國曾達到了任何完美的階段，祇有國家遭遇嚴重的危機時，它才有所表現，如今這種關係的景象業已激勵人們去行動了。它便是社會主義者眼中的社會主義國家，馬克思主義者的最終的「無階級社會」，也是基督徒所說的人人都是兄弟。（按：中國成語所說的「四海之內皆兄弟也」亦即是此一平等的境界。——譯者）

這三種平等可以個別的稱之為空想的平等、社會的平等，以及博愛的平等。在歷史的演進中，這三者已經混成一體，因此，在人們的思想中，它們也就不可或缺地連在一起了。但是為了思維清晰起見，我們都必須把它們分開。如果不把它們分開來說，社會的平等之成長便說不通，因為絕對的或理論上的平等乃是不可能的；然而最初提倡平等理論的人卻把它當作一種絕對的價值，而非我們這個時代的嚴肅的政治運動。或者也可以這樣說，如果不把它們分開來說，則所謂更民主的社會的幻象也說不通，因為自由與平等兩種理想根本上是相衝突的；前者是寬大的與伸展的，而後者則是嫉妒的、貪婪的、束縛的；但是平等的這些特徵乃是在社會制度成長過程中偶然獲得的，並不是民主的平等意境中所固有的。在道德上，相互依賴與合作之精神並不比獨立與個人進取之精神更該受到責難。在人人自由與平等的民主社會的各個面的活動中，這二者是可以獲得協調的。

因為民主理想的整體性已經被人忽視，因為此一多面的理想主義中之某一種理想，已被單獨的認為是「基本的」或「真正的」民主，所以民主才被曲解，才被導入了歧途。民主的正途，乃是和諧與協調的中庸之道。但是循中庸之道前進並不是維護胡亂的妥協或冷漠的不徹底的措施。如果民主是一種中庸之道，就是說它是理想與進步的平衡，可以滿足人類在精神上與物質上普遍的多方面的要求；如果說西方文明是要從爭取自由的第一階段，再通過目前要求平等的階段，而最後進步到人類博愛的最終目標，這無疑是太簡化了。若干理由足以使民主主義者相信：祇要我們不忽略路上的無數陷阱，祇要我們不把進步的成就當作是必然的，那麼這個運動便是在進行中。

即使在戰勝了法西斯極權主義之後，民主主義的防禦姿態依然是一種標幟，這種標幟告訴我們說：民主祇有站在自己的立場上迎擊並打垮左派或右派的極權主義；祇有能夠給予苦難的人類一些他們所需要的東西，而且也唯有民主社會才能供給的東西；祇有經常用更適當、更可瞭解的詞句將民主的信仰與哲學重新陳述，敏銳地適應著現代社會中人們的需要與慾望，然後民主才可生存並獲得勝利。這樣巨大的任務是遠超過這本冊子研究的範圍之外的。由於需要重新發現平等與自由的一致性，本書祇不過是就作者之所見，對此問題略加分析與陳述而已。

附錄四

《自由與平等》重版識語

這本書是由兩個部分組成的：第一部分原名「自由與平等之間」，是討論自由與平等兩個基本概念及其關係的；第二部分是翻譯英國人湯姆遜所寫的一本討論「平等」的小書。現在把這兩本小冊子合成一編，以便讀者。這些文字都發表在二十七、八年之前；這次重印則一仍舊貫，未加改動。但這並不表示我完全滿意舊作，因而不改；而是改動必須重寫，這不是我現在的時間所能允許的，所以索性不去改動了。《自由與平等之間》所收的幾篇文字，寫作時間先後歷兩、三年之久。

在初寫這類文字時，我的思想完全是以西方為依歸，因為自由與平等本來是起源於西方的。但是在集結成冊的時候，我已覺悟到自由與平等至少在實踐方面離不開文化的基礎；也就是說，民主制度的建立必須和特定的文化傳統相適應。即以西方民主國家而言，英、美、法三國的政治體制便已大不相同。文化大源頭相同的國家尚且如此，異源文化如中國、印度等就更不必說了。這一點我現在的認識與感受都遠比三十年前為深切，但在大方向上今昔之見並無基本的差別。當時因限於知識和思想的水平，於此未能做有系統的發揮。現在祇有希望讀到別人關於這一問題的深入討論了。

余英時　一九八一年十一月九日

余英時文集17
自由與平等之間

2022年8月初版　　定價：新臺幣430元
有著作權・翻印必究
Printed in Taiwan.

著　　者	余　英　時
總策劃	林　載　爵
總編輯	涂　豐　恩
副總編輯	陳　逸　華
特約主編	官　子　程
叢書主編	沙　淑　芬
校　　對	蔡　竣　宇
內文排版	菩　薩　蠻
封面設計	莊　謹　銘

出　版　者	聯經出版事業股份有限公司
地　　　址	新北市汐止區大同路一段369號1樓
叢書主編電話	(02)86925588轉5310
台北聯經書房	台北市新生南路三段94號
電　　　話	(02)23620308
台中辦事處	(04)22312023
台中電子信箱	e-mail：linking2@ms42.hinet.net
郵政劃撥	帳戶第0100559-3號
郵撥電話	(02)23620308
印　刷　者	世和印製企業有限公司
總　經　銷	聯合發行股份有限公司
發　行　所	新北市新店區寶橋路235巷6弄6號2樓
電　　　話	(02)29178022

總經理	陳　芝　宇
社　　長	羅　國　俊
發行人	林　載　爵

行政院新聞局出版事業登記證局版臺業字第0130號

本書如有缺頁，破損，倒裝請寄回台北聯經書房更換。　ISBN　978-957-08-6399-4 (平裝)
聯經網址：www.linkingbooks.com.tw
電子信箱：linking@udngroup.com

國家圖書館出版品預行編目資料

自由與平等之間/余英時著．初版．新北市．聯經．
2022年8月．344面．14.8×21公分（余英時文集17）
ISBN　978-957-08-6399-4（平裝）

1.CST：自由　2.CST：平等

571.94　　111009405